もしも世界に法律がなかったら

「六法」の超基本がわかる物語

Story of a World without Laws

木山泰嗣

日本実業出版社

もしも世界に法律がなかったら　「六法」の超基本がわかる物語　◉　もくじ

プロローグ　謎の老人ジャスとの出会い　11

シーン①　犯罪？――12
シーン②　ハンザイ――14
シーン③　法律って、なに？――15
シーン④　六法の世界――18
パラレルワールドにようこそ！　読者のみなさんへ――21

第1話　もしも憲法がなかったら

▼憲法のない世界の物語――26
シーン①　職業を自由に選べない――27
シーン②　自由に引越せない――29
シーン③　自由に思想することができない――33

シーン④　自由に表現することができない――41
▼ざっくりわかる憲法のお話――44
▼日本国憲法の条文に慣れるための解説――48
ポイント①　職業選択の自由――48
ポイント②　思想・良心の自由――50
ポイント③　居住・移転の自由――53
ポイント④　表現の自由――54

第2話　もしも民法がなかったら

▼民法のない世界の物語――60
シーン①　けっ結婚?――61
シーン②　売買の誓約書を先に交わしたのに……――68
シーン③　借金を踏み倒す大富豪――83
シーン④　マンションの表札が変わっている……――88
シーン⑤　危機一髪――93

ざっくりわかる民法のお話 100
民法の条文に慣れるための解説 108
ポイント① 婚姻適齢 109
ポイント② 重婚の禁止 112
ポイント③ 不動産の登記と所有権 114
ポイント④ 相続と遺産分割 118
ポイント⑤ 消費貸借契約 121

第3話 もしも刑法がなかったら

刑法のない世界の物語 124
シーン① 留置場の会話 125
シーン② 痴漢にあって手をはたいたら暴行犯? 130
シーン③ 犯罪者の娘も犯罪者? 134
シーン④ 自分の意見を発表するだけで犯罪? 140
ざっくりわかる刑法のお話 147

第4話

もしも刑事訴訟法がなかったら

▼刑法の条文に慣れるための解説 150
ポイント① 迷惑防止条例違反と正当防衛 150
ポイント② 共同正犯、教唆犯、幇助犯 154
ポイント③ 犯罪成立要件と法定刑 156
ポイント④ 憲法と刑法の関係 162

▼刑事訴訟法のない世界の物語 164
シーン① 面会謝絶 165
シーン② 判決に対して不服もいえない？ 169
シーン③ 逮捕するときのフダ？ 171
シーン④ お金を積めば釈放される？ 174

▼ざっくりわかる刑事訴訟法のお話 181

▼刑事訴訟法の条文に慣れるための解説 185
ポイント① 送検、勾留請求、取調べ、起訴 185

ポイント②　接見交通権……192
ポイント③　控訴と上告……195
ポイント④　証拠裁判主義……197
ポイント⑤　逮捕状……199
ポイント⑥　保釈……203

第5話 もしも民事訴訟法がなかったら

▼民事訴訟法のない世界の物語……208
シーン①　婚約者が逮捕されたら……209
シーン②　ワイロが通用しない……210
シーン③　おかしな裁判官……212
シーン④　なんでも屋の三百代言……217
シーン⑤　お金で動く裁判官……219
▼ざっくりわかる民事訴訟法のお話……221
▼民事訴訟法の条文に慣れるための解説……225

ポイント① 不告不理の原則——226
ポイント② 処分権主義——228
ポイント③ 弁護士代理の原則——230
ポイント④ 控訴の権利と飛躍上告の合意——232
ポイント⑤ 裁判官の除斥と忌避——234

第6話 もしも商法（会社法）がなかったら

▼商法（会社法）のない世界の物語——240
シーン① タマラン商事の鳥締役——241
シーン② ボーナスが出ない……——246
シーン③ 配当をもらって高級クラブで大盤振る舞い——247
シーン④ 亀主総会に呼ばれていない——250
シーン⑤ 行方不明の詐欺師を見つける偶然——253
シーン⑥ 判決の言い渡し——257
▼ざっくりわかる商法（会社法）のお話——261

商法（会社法）の条文に慣れるための解説 263
ポイント① 株式会社の事業報告、株主総会の承認 264
ポイント② 株主への剰余金の配当 268
ポイント③ 株主平等の原則 271
ポイント④ 役員報酬は株主総会での決議事項 273
ポイント⑤ 株主総会の招集通知 276

第7話 一件落着？

エピローグ もしも法律があったら……!? 291

あとがき 297

ユッコ（山下《やました》優子《ゆうこ》）

ジュリの親友。ジャスミンティが好きな、少しオマセな女子中学生。ケンの恋人。

ケン（富《とみ》野《の》健《けん》）

ジュリの同級生。大富豪の息子。将来の夢はパイロット。ユッコの彼氏だが……。

ジュリ（湯村《ゆむら》樹里《じゅり》）

主人公。13歳の好奇心旺盛な中学１年生。ある日、ハンザイ（犯罪）を目撃したのをきっかけに、法律に興味をもつ。謎の老人・ジャスに出会い、「法律のない世界」に連れて行かれ、悪戦苦闘する。

サギスキ（鷺《さぎ》須《す》木《き》兼夫《かねお》）

ジュリのパパ（父親）が勤務する会社の取引先の親族。マンションを中古で売った売主であり……。

三百代言《さんびゃくだいげん》

黒縁メガネをかけ、ベレー帽を愛用し、弁護士を名乗る。逮捕された伊鵜田氏に面会しようとするが……。

ジャス

謎の老人。○○の神様？

伊鵜田計《いうだけい》（山下筆男《やましたふでお》）

ユッコの父親。作家。週刊誌に奇想天外な記事を掲載しようとして逮捕される。

飛田《とびた》ナツム

ジュリの父親とマンションの権利関係でモメる。ヘンな日本語を使い、愛人（？）もいる。

キンパツ（本名不明）

髪の毛を金色に染めた暴力団組員。殺人事件を３回起こして逮捕されても……。

装丁／志岐デザイン事務所（萩原睦）
本文DTP／一企画
イラスト／斗真なぎ

プロローグ

謎の老人ジャスとの出会い

シーン① 犯罪《はんざい》？

ジュリの家の近くには、M大学のキャンパスがあった。

その日、ジュリはM大学の裏通りを歩いていた。

ママから夕方になって「しょうゆを買い忘れちゃった。急いで買ってきてくれない？」と頼まれたからだ。いつもは通らない薄暗い裏通りを通ることにしたのは、みたいテレビがあったから。近道を選んだのだ。

それが間違いだった。

ジュリが目撃してしまったのは、たぶん「ハンザイ」と呼ばれるものだった。

逃げようとする女。その女の肩を両手でつかみ、離さない男。

どういうハンザイなのか、正確な名前はわからなかったが、ハンザイだということは中学生のジュリにもわかった。

恐怖にふるえ、腰が抜けそうになりながら、ジュリはその場を走り去ろうとした。

と、その瞬間、後《うし》ろからジュリは両肩をおさえられた。

「静かにしろ」

振り向くと、サングラスをかけた男が「みやがったな。おまえ」とドスのきいた声でいった。

「きゃー。たすけてー」

声を出そうとしたが、すぐにジュリは口をおさえられた。

シーン② ハンザイ

「やめなさい」

と、そこに初老《しょろう》の紳士《しんし》があらわれた。

細い身体《からだ》だったが、杖《つえ》のようなものをふりかざすと、サングラスをかけた男は悲鳴《ひめい》をあげながら逃げていった。

被害を受けていた女の人も、その初老の紳士にたすけられた。

あぶないところだった。

それにしても、怖い人っているんだな、とジュリは思った。

ハンザイって身近にあるんだ。

これからは時間がかかっても、暗くなったら、あの裏道を通るのはやめよう。こんなの、二度といや。

シーン③　法律って、なに？

家に帰りテレビをつけると、「憲法改正について」というテーマの番組が放送されていた。

ケンポウカイセイか。あっ。……ケンポウもホウリツなのかな。

ハンザイもホウリツで裁《さば》くのかな。

でも、あのサングラスの人は逃げちゃったから、きっと捕まらないんだろうな……。

「ねえ、ママ。ホウリツってなんなの？」

「うーん。ママもくわしくないけど、六法全書《ろっぽうぜんしょ》じゃないかな」

「ロッポウゼンショって、ホウリツが6個あるの？　ハンザイも？　ケンポウも？」

「うん。そうよ。たぶんそうだと思うわ」

たぶんか。ママがホウリツにくわしいとは思えないよなあ。

まあ……仕方《しかた》ないか。

次の日、学校に行くとジュリは、クラスメイトのユッコにも聞いてみた。ユッコは、クラスのなかでもジュリと一番仲がいい子だ。

「ねえ、ユッコ。突然だけど、ロッポウってなんだか知ってる?」

「ロッポウ? あまりに突然すぎで、笑っちゃいそうだけど。なにそれ、クイズ? あっ、わかった。憲法とかじゃない? 憲法はたしか6年生のころ、社会で習ったよね。忘れちゃったけど。戦争放棄とか」

「センソウホウキか」

ハンザイもホウキしてくれないかな、とジュリは思った。

よくわからないけど。

「そうなんだ」

「そうなんだって、ジュリどうしたの? なにかあった?」

「なにもないよ。昨日《きのう》テレビでケンポウカイセイとかやってたんだよね。それでふと思いついたわけ」

「ヘンなクイズを思いついたのね。ジュリらしい。で、正解は?」

「わかんない」

「なんだ。クイズじゃなかったんだ。法律って中学でも授業とかないもんね」

シーン④ 六法の世界

ケンポウ、ハンザイ、ロッポウ、ホウリツ……。

帰り道、ジュリはつぶやきながら一本道を歩いていた。まわりにはだれもいない。

と、そのとき後ろから、何者《なにもの》かにジュリは肩をたたかれた。

いやっ。また?? キャーーー。

「なにが、またじゃ」

「えっ? だれ? あなた」

「わしはジャスじゃ」

「ジャズ?」

「ジャズじゃない。音楽が歩いてるわけないだろ。ジャスじゃ、ジャス」

「はあ……」

「キミはホウリツに興味があるのかね?」

「ホウリツ? うん、あるよ。あなた、ホウリツのことくわしいの? あっ、わたしは

ジュリ」

「知ってるぞ。わしはホウリツの神様だからな」

「すごい。ナイス、タイミング！　あれね、ジャズの神様ってやつ」

「だから、ジャス。ジャズじゃない」

「ねえ、教えてジャス。ホウリツのこと。それからロッポウ……だっけ？」

「いいじゃろう。でも、口で教えてもわからんじゃろうな」

「えっ？」

「体験するのが一番じゃ」

「まさか、あなたヘンな人じゃないよね」

「順番にいってみるのじゃ」

「順番？」

ジュリはヘンなことを順番でさせられるのではないかと心配になり、不審《ふしん》の目でジャスをみた。ヘンタイおじいちゃんなのかな、もしかして。

「なにをあやしそうな目でみてるんじゃ。ロッポウの……ゴホン、ある世界を順番に、1つずつ体験するんじゃよ」

「えっ？　そんな世界があるの？　ロッポウの世界なんて……すごい。面白《おもしろ》そう！」

「面白いかどうかはわからんけどな。……でもご希望なら連れて行こう」

「それ、行ってみたいかも！　行けばホウリツやロッポウのことがわかるんだよね？」

「そうじゃ。ただし、条件がある」

「ジョウケン？」

「戻ってきたいと思ったら、すぐにわしを呼ぶのじゃ。『法律の神様、ジャス』とな。これが戻ってくるための呪文《じゅもん》じゃ」

「うん、わかった。かんたんじゃない。ホウリツの神様、ジャズ」

「だからジャスじゃって」

「冗談だって。それをいえばいいんだね」

「そうじゃ。そうしないとロッポウの……ゴホン、ある世界もどんどん進んでいく。呪文をとなえればいつでも戻ってこられるが、何カ月も戻ってこられないヤツもいる。なかには1年以上戻ってこなかったヤツもいた。ふう。それに……」

「ん？　わかった！　それ、あれでしょ。遊園地とかテーマパークのアトラクションみたいの。呪文はおぼえたから、説明はもういいよ」

「……よかろう。では始めるぞ」

「えっ、いきなりいまから？　ちょっと待って。まだ支度《したく》とかしてないし……」

「六法のない世界に行ってみたまえー。どどどどどどどーーーー」

えっ？　なに？　きゃー、たすけてー。

世界がくるくると回り出した。意識が遠のいていく……。

そのまま、ジュリは気を失った。

パラレルワールドにようこそ！　読者のみなさんへ

やあ、はじめまして。わしはジャス。法律の神様のジャスじゃ。

ジャズではないぞ。ジャズの神様でもない。

当然じゃが、ジャスミンティの略称でもない。

ゴホン。さて、ジュリは好奇心旺盛な中学生じゃの。いきなり名乗るし、中学1年生で法律のことを知りたいなんて、なかなか熱心な子じゃ。

わしの魔法で、ジュリはパラレルワールドに飛ばされることになった。安心せい。帰ってくるのは簡単じゃ。「法律の神様、ジャス」と呪文をとなえれば戻って来られる。

まあ、呪文を忘れてしまって、この世に戻ってこられなかったヤツも、ほんとうはおるんじゃが……、ゴホン。それはさておこう。

で、どんな世界かって?

なかなかいい質問じゃ。じつは……ゴホン。ロッポウ、つまりホウリツのない世界なんじゃ。

いまと同じ2019年の日本なんだが、なぜかホウリツはない。

わかりやすくするために、「ロッポウのない世界」を1つずつ体験してもらうことになるのじゃ。安直《あんちょく》だな、という突っ込みはなしじゃぞ。

ところで、ロッポウというのは知っているかのお?

そう、「六法」じゃ。全部で6個の代表的なホウをまとめて六法というんじゃ。

順番に、憲法、民法、刑法、商法、民事訴訟法、刑事訴訟法。

この6個を六法というんじゃ。

これから順番に六法のない世界をみることになるが、さて、準備はよいか？
ジュリと一緒に、キミもきっとスリリングなパラレルワールドを味わえるだろう。

えっ？　味わいたくないって？
……。

ゴホン。では、また会おう。とりあえず、さらばじゃ。
「憲法のない世界」に行ってみたまえー。
どどどどどどーーー。

凡　例

本書の解説部分は、以下の方針でまとめました。

なお、物語部分は、完全なる架空《フィクション》の世界です。

◎　本書の内容は、基本的に2019年２月現在の法令に基づいています。

◎　読みやすさの観点から、必要に応じてルビ（ふりがな）や傍点《ぼうてん》をつけたり、太字《ふとじ》にしたりしました。

◎　条文《じょうぶん》を引用した場合の数字は、原文《げんぶん》が漢数字である場合でも（条文の原文の数字はすべて漢数字です）、読みやすさを重視し、原則として、算用数字に変換しました。

◎　引用した条文は、専門書であれば省略すべきものではありませんが、一般の方に向けた本であるため、特に意味があり残す必要があると考えたものを除き、「(略)」などとして省略しました。

◎　引用した条文中に、読みやすさの観点から、必要に応じて網掛《あみか》けをつけました。

◎　（　）のなかに登場する（　）は〔　〕と表記し、「　」のなかに登場する「　」は『　』と表記しました。

★解説部分では、必要に応じて条文を引用しました。引用されていないものについては、市販の六法（『ポケット六法』〔有斐閣〕、『デイリー六法』〔三省堂〕など）をみていただくか、あるいはインターネットの「e-Gov《イーガブ》」（電子政府）で、すべての条文を閲覧《えつらん》できます。

第1話

もしも憲法がなかったら

憲法のない世界の物語

「憲法」がなかったら、どのような世界になってしまうのでしょうか。

ジュリはジャスの魔法で、**「憲法のない世界」**に連れて行かれます。

そこには、週刊誌を発売しようとしても、国の検閲《けんえつ》にかかり黒塗《くろぬ》りがされてしまう出版社、自分の考えを発表しようとしただけで、タイホされてしまう作家、引越しをしようとしても許可《きょか》がおりず、引越しができない住民……など、「憲法のある世界」では考えられない人々が登場します。

シーン① 職業を自由に選べない

「次のニュースです。銀行員の家系《かけい》に生まれたにもかかわらず、パイロットになりたいなどと奇想天外《きそうてんがい》な言動《げんどう》を繰り返していた中学生の男子が、先ほどタイホされました」

登校前。寝起きに目玉焼きとロールパンを食べながら、ボーっとみていたテレビだった。奇想天外なのは、ニュースのほうじゃないか。

ジュリは一気に目が覚《さ》めた。

「意味わかんない。なんでタイホされちゃうの、この人。パイロットになりたいなんてステキじゃん。ねえママ、かわいそすぎだよね」

「ほんとよね。かわいそうだわ」

「それ。ほんと、おかしすぎる。どうなってるんだろう?」

「ほんとうに、おかしいわ。その男の子」

「えっ? ニュースじゃなくて、タイホされちゃった男の子が?」

「当たり前じゃない」

「だって、いま、かわいそうって……」

「かわいそうなのは、ご家族でしょう。ご先祖様も浮かばれないわ。銀行員の家系なのにそれを抜け出そうとするなんて、許されるわけないでしょう」

「えっ？」

「タイホされて当然ね」

「まったくだ」

「えっ？　パパまで？　どうして？」

「銀行員の息子が、パイロットになろうなんて驚きだよ。奇想天外にもほどがあるね」

「ぜんぜん奇想天外じゃないんだけど。いいじゃない。自分がなりたい職業になれば」

「なにをいってるの、ジュリ。そんなことといってはいけませんよ」

「なりたい職業なんて、みんなあるでしょ。なんでダメなの？　しかもパイロットになりたいというだけでタイホされちゃうなんて……」

「タイホはやむをえないだろう」

「そうね」

パパもママもどうしちゃったの？

は!?　え!?　いったい……、どうなってるの？

「近ごろは、とんでもないことをいう人が増えてきたね」

「困るわねえ」

「うん。そりゃ家系とは違う職業についてみたいと思うことも、一度や二度はあるかもしれない。パパだって商社《しょうしゃ》マン以外の職業につきたいと思ったことはあったんだよ、若いころに。でもあれは、なんていうのか、その……魔《ま》がさすってやつだね」

「魔がさす……って。それ、犯罪みたいだけど」

「でも、思ったとしても口に出してはダメだ。社会が混乱する。みんな家系のなかでやっているんだ。自分だけ抜け出そうなんて考えは、世間《せけん》では通用しない」

いったい、どうなってるの？

これ、ヘンな夢なのかな。うーん。

パパもママも、こんなことをいう人じゃなかったはずなのに……。

シーン② 自由に引越せない

ジュリはすっかり覚めた頭を働かせ、話題を変えることにした。

これ以上、パイロットになりたいといっただけでタイホされた、かわいそうな中学生の話をしてもダメだ。パパとママのおかしな話を聞くことになるだけ……。

って、そのうち、わたしまでおかしいとかいわれそうだ、とジュリは思った。

「ねえパパ、そういえば新しいマンションにはいつから住めそう？」

三人家族のジュリの家は最近、マンションを購入した。中古ではあるけれど、住みやすそうだし、近くにあるマンションだ。

ジュリは、いまより広いマンションに住めるのが楽しみだった。

「いやあ、それがねえ。じつはまだ許可《きょか》がおりないんだよ」

「キョカ？　えっ？　許可ってなに。なんの許可？」

「あらジュリ、中学生になったというのに、そんなことも知らないの。小学校で習わなかったのかしら？」

「えっ？　なにを？　なんのキョカを？」

「あきれたね。なんだか今日のジュリはどうかしてるよ。決まってるじゃないか、そんなの」

さっぱり、わからないんだけど。

どうかしてるのは、パパのほうだよ。

ママと二人して、頭がおかしくなっちゃったの？

「引越しの許可でしょう」

「引越しをするためには許可が必要なんだ。どんなに近くでもな。そんなの常識だぞ。もう小学生じゃないんだから、そろそろ常識を身につけなさい」

「意味わかんないんだけど」

「そんなこともわからないのかい。千代田区と東京都の両方から許可を得ないと、引越しはできないだろう」

「マンションを買うことになったときにもいったでしょう。ジュリ、忘れちゃったの？　引越しは自由にはできないのよ。許可をもらわないと。で、どうなんですか。そろそろ許可は出そうなの？」

「千代田区の許可は出たんだ。あとは東京都待ちさ」

「じゃあ、あと少しね」

「東京都待ち……って、なんで引越しするだけなのに、そんなにたくさんのキョカが必要なの？」

わたし、キョカが必要なんて聞いてなかったし。

ジュリは目玉焼きの黄身《きみ》をみているうちに、頭がぐるぐるまわって倒れそうになってきた。

「そんなにたくさんの許可っていうけどね、ジュリ、いいかい。今回は千代田区内での引越しだから、千代田区と東京都の許可だけでよかったんだぞ。これがほかの県に引越すような場合だと、東京都と引越先の都道府県や市区町村の許可まで必要になる。社会で習わなかったのか？　テストでよく出るところじゃなかったかな」

「そんなテスト、聞いたことない。引越しって自由にできるんじゃないの？　いままでみんな自由に引越してるのかと思ってた」

「あなた、中学生にもなって、なにおバカなことといってるの。授業ちゃんと聞いてる？」

聞いてる……つもりだけど。

ああ、なんで今日は朝からみんなヘンなの？

テレビもパパもママも、笑っちゃうくらいおかしいんだけど。わー、クラクラする。

プルルルル（家の電話が鳴った）

「はい。そうですが。代わります。あなた、東京都からよ。いよいよ許可が出たんじゃないかしら」

「お電話代わりました。はい、はい、……ええ、……。そうですか……。わかりました。……なんとか準備をするようにします」

「パパ、どうだった？　キョカおりた？」

眉間《みけん》にしわを寄せたパパをみて、かわいそうになってきたので、ジュリは意味不明な許可の話にのってみた。

「うん。おりるって。近いうちに」

「よかったじゃん」

「よかったわ」

「だけどね……」

だけど、どうしたんだろう？　タイホでもされちゃうとか？　まさか。

「東京都の許可はおりるそうだ。だけど……許可をもらうためには、あと200万円必要になるらしい」

「200万円って、この前300万円払ったばかりじゃない」

「うん。仕方ないな。東京都がいうのだから」

シーン③　自由に思想することができない

キョカとか意味わかんないと思ったけど、単なるあれじゃない。あれ、なんだっけ？　ワイロ、そうワイロ。お金もらってお役所が許可をするなんて、おかしすぎるよ。

放課後になるまでジュリは、モヤモヤしながら学校の授業を受けた。今日は親友のユッコの家に遊びに行く約束をしていた。

家のことだから他人にはいいにくい話だけど、ユッコにならいってもいいかな、とジュリは思った。パパもママも話にならないから、ユッコに話してみよう。

そうでもしないと、ジュリは頭がおかしくなってしまいそうだった。

でも、親友とはいえユッコに、お金の話や許可の話をするのは、やはりしにくかった。

ジュリはユッコの部屋であたたかいジャスミンティをすすりながら、話してよいものかどうか考えていた。

「ジュリ、大丈夫？　美味《おい》しくなかった？　ジャスミンティ？」

「ううん、すっごく美味しい」

「ありがとう。なにかあった？」

「うん。いや、あの……、その、ううん」

「やっぱり、なにかあったのね」

「うん。それがその……、朝からヘンなことばかりでさ。パパが銀行員の家の男の子がタイホされちゃったり……」

「あれ、最悪よね」

「えっ？」

まさか、ユッコまでおかしくなっちゃったの？

「パイロットになりたいって、いったんだってね。タイホされて当然よ」

……ダメだ。これじゃ、あー、ユッコにも相談できそうにないな。

「そうだ。ジュリ、引越すんだって？」

「うん、そうなの」

「新しいマンション、楽しみだね」

「うん。……でも」

「でも、どうしたの？」

ええい、もういっちゃえ。

どうせユッコもおかしなママたちと同じなんだから。

「それが、まだキョカが出てないみたいなの」

「そっか」

そっかって。キョカはやっぱり当たり前？

「許可って、たいへんよね」

やはり、そうきたか……。

「うちのお父さんは札幌出身なんだけど、東京に引越してくるとき、許可がなかなか出なくてさ」

「札幌からだったら、キョカもたくさん必要……だよね」

もう合わせるしかない。

「そうなの。でね、最後はお金を積んだみたい。けっこうお金がかかったみたいなんだよね、それが」

200万円ですか？　300万円ですか？

ああ、頭が痛くなってくるう……。

おかしいよ、みんな。

「まだ、わたしが生まれる前のことだから、くわしくは知らないけど」

「そっか。引越しするのにお金が必要だなんてヘンだよね。でもユッコのパパは作家の先生だから、お金があるんじゃない？」

「いまは、そこそこ有名になったけど、引越してきたときは、まだ幕田川賞《まくたがわしょう》もとってなかったころみたいなの」

「そうだったんだ」

「曲木賞《まがるきしょう》とって売れていたおじいちゃんから、お金を借りて積んだんだって」

おじいちゃんも、おかしいよ。

なんでお金、払うのよぉ。ワイロだよ、ワイロだって、それ。

それこそ、タイホされるのでは？

フツウは……って、フツウじゃないんだよね。ははは……。

「でも、なんだかヘンだなあ。引越しするのに、なんでお金を積まないといけないの？」

ジュリは思い切っていってみた。


「おかしい。そのとおりである」

「えっ？」

だれ？　ついにまともな人がやってきた？

「おかしいだろう。これはおかしいことである」

ユッコパパだ。作家の先生、さすが！　しかも、かっこいいし。

「やっぱり、おかしいですよね。キョカとかお金とか」

「おかしいことである、とわたしは考えている。しかし国民はみな、これが当たり前だと思っている。常識だと思っている。しかーし！」

突然の大声にジュリはびっくりした。

しかーしって……。ユッコパパも、なんだか。ふう。

「常識は疑ってかかれ、とシェイクスピアもいっている」

「そうなんですか?」

「『オムレット』に書いてあるのである。トベ、オア、ナットベ、それが……」

「また始まった。もうお父さんやめてよ、そういうの。ジュリもびっくりしてるよ」

「ううん。そんことない。続けて下さい」

「……それが問題、かもしれない」

えっ?

「いずれにしてもだ。わたしはこの許可制度は、行きすぎた制約《せいやく》であると考えている。もの申したいのである」

きゃあステキ! とかいったら、ユッコに怒《おこ》られそう。

「お父さん、やめてよ! そんなことしたら、今日のニュースの人みたいにタイホされちゃうわ」

ユッコの顔が赤くなった。

「ニュースの人とはなんだ。意味がわからないのである」

「銀行員の家系の子なのに、パイロットになりたいっていっちゃって。それでタイホされた人がいるの。今朝《けさ》、テレビでやってた。中学生の男の子なの」

「おかしいことはおかしい、と申し上げる自由が、我々には保障《ほしょう》されなければならない。わたしはかく考える」

なんだかヘンな感じだけど、いっていることはユッコパパが一番ふつうかも。

がんばれ、ユッコパパ！

「お父さん、お願いだからやめて！　タイホされちゃったらどうするの！　またマエみたいにケイサツに捕まっちゃうよ」

「マエ？」

「うちのお父さん、じつは……前科《ぜんか》があるの」

「『ペンは強い』のである。それに今回は毛色《けいろ》が違うのである。ヨメヨメ出版社からじきに出るわたしの論考《ろんこう》がすべてを明らかにするであろう」

「意味がわからない。とにかく、もう家族に迷惑《めいわく》をかけるのやめて。お願い、お父さん」

ジュリは残っていたジャスミンティを飲み干した。

ジャスミンティだけは、いつもと同じ味なのに。

ん？　ジャスミンティ？　ジャスミン、ジャス……？

ジャス……。なにかあった気がしてきたな。ジャスミンティに、なにかがひっかかるな。

うーん。

でもそれを、ジュリはそのとき思い出すことができなかった。

シーン④ 自由に表現することができない

「夜のニュースです。昨日タイホされた中学生に続き、今度は、作家の伊鵜田計《いうだけい》氏がタイホされました。伊鵜田氏は、『時代は変わった。引越しは自由に認めるべきである』などといった作家にあるまじき奇想天外な内容の記事を、『週刊なにもいえないデス』に掲載《けいさい》し発表しようとしたとのことです。『週刊なにもいえないデス』は明日発売予定でしたが、伊鵜田氏のタイホによって、大幅に黒塗《くろぬ》りがなされる模様です」

また、おかしなニュースだ。うーん、ほんとおかしいって。

朝から晩までおかしなことばっかり。どうなってるの、ほんと。

なんなのほんとに、今日は……。

まともなことをいっていたのは、ユッコパパくらいだし……。

って、あれ？？

テレビの画面をみると、ユッコパパの顔写真が映《うつ》っていた。タイホされちゃったのって、……ユッコパパだったんだ。ああ、終わってる。

まともな人がタイホされちゃうなら、そのうち、わたしもタイホされちゃうんじゃない？

えっ、それ困るな。困るよ、困るよ、困るー。どうしよう？

ヤバい。ヤバすぎる。

「あら、ユッコちゃんのお父様じゃない」

「ほんとだ。しかし、どうやら悪いニュースみたいだね」

「作家は、つくりものしか書いちゃいけないのに、それを破っちゃったわけね。作家の先生もいろいろとたいへんなのかしら」

「ほんとだね。自分の創造《そうぞう》した物語を書くのが作家だからね。自分がほんとうに思っていることを書いてしまうのは作家ではないのにな」

パパ、どうしちゃったの？　ほんとうに。やさしくて頭もいい、自慢のパパだったのに。いってることが、いつもとぜんぜん違うんだけど。

「でも……」

「えっ、でも？　でもどうしたの、パパ」

「でも、引越しが自由に認められれば、うちも、とっくに引越せてたよなあ」

「そうよ。そうでしょ！　パパがやっと、もとに……」

「もとに?」

「いや、その……」

「そうかもしれないけど、あなた。そんなとんでもないことを考えていると、困りますよ。考えているだけならいいけど、考えていることは口に出てしまうっていうでしょう。あなたまでタイホされちゃったら、わたしたち困ります」

ママ、おかしいわ。おかしいって……。

「ジュリ」

「はい」

「あなたも気をつけなさいよ。今朝から少しヘンなことといってるから。テレビのニュースの影響じゃないわよね。困るわ、おかしな人が出てくると。ユッコちゃんのお父様は作家の先生だからお悩みがあったのだろうけど、わたしたちはきちんとしましょうね」

ママのほうこそ、きちんとしてほしいよ……って、ああ、困った。頭がおかしくなりそう。これじゃ、ママのこと嫌いになっちゃうかも。

パパももとに戻りかけたと思ったけど、戻ったらタイホされちゃうかもしれないし。それも困るよなあ。いったい、どうしたらいいの?

なんなの、このおかしな世界? だれか、たすけてー。

ざっくりわかる憲法のお話

いかがじゃったろうか？

ジュリは「憲法のない世界」というパラレルワールドに行ったのじゃ。本人は忘れてしまい、気づいてないようじゃったけどな。

ジャスミンティを飲んだときに、わしの名前を思い出してくれるかと思ったが、ダメじゃった。残念じゃよ。思い出すことができれば「ああ、ホウリツのない世界だったのか」と気づけたはずなのにじゃ。

憲法のない世界では、思ったことをしゃべった銀行員の息子や作家がタイホされてしまった。これは「**言論《げんろん》の自由《じゆう》**」が認められていないということじゃ。

いまの憲法では「思想《しそう》・良心《りょうしん》の自由」や「表現の自由」が認められている。だから、思ったことをいったり書いたりしても、ふつうはタイホされることはないんじゃ。

銀行員の家系は銀行員にしかなれない、というのは「**職業選択《しょくぎょうせんたく》の自由**」がないということじゃ。憲法はちゃんと「職業選択の自由」を認めている。だから自分でなりたい職業を選んでもタイホされたりしないんじゃよ。

憲法のない世界では、引越しにも許可が必要だったようじゃが、憲法では「**居住《きょじゅう》・移《い》転《てん》の自由**」が認められている。だから許可をもらわないと引越せないとか、許可に不透明なお金が必要になるとか、そんなルールをつくることは許されていないんじゃ。

「憲法」は、すごいだろう？

なぜ、すごいかというと、国家《こっか》が個人の自由を奪《うば》えないようにしているからなんじゃ。「**人権《じんけん》**」というやつじゃよ。

人権というのは、ひとことでいえば「**自由**」じゃ。

だれからの自由かといえば、「**国家からの自由**」なんじゃよ。

個人がいいたいことをいったり、書いたり、好きなところに住んだり、そういうことに国が干渉することはできない。

個人の自由を認めたのが憲法なんじゃ。

自由を認めることを「**保障《ほしょう》する**」なんていうぞ。

憲法が保障している「自由」は、大きく分けて3つある。

①**精神活動の自由**、②**経済活動の自由**、③**人身《じんしん》の自由**じゃ。

①の精神活動の自由には、「思想・良心の自由」「表現の自由」、それから「信教《しんきょう》の自由」「学問の自由」などがあるんじゃ。

②の経済活動の自由には、「職業選択の自由」「居住移転の自由」「財産権」などがあるんじゃ。

③の人身の自由には、「奴隷的拘束《どれいてきこうそく》からの自由」「刑事手続上の権利」などがあるんじゃ。

3つの自由は、1つでも欠けると「**人間らしい生活**」を送ることはできないといわれている。

ジュリが連れて行かれた「憲法のない世界」をみてもわかるだろう。

ちゃんと、この3つの自由があれば、おかしな出来事も起きなかったはずなんじゃ。

そして、なによりも憲法のすごいところは、「**人権保障のための仕組み**」をつくっていることなんじゃ。国家権力の濫用《らんよう》により人権が侵害《しんがい》されないように「**三権分立**《さんけんぶんりつ》」という仕組みを用意しとる。

さて、次は「民法のない世界」じゃ。

えっ？　そんな世界はみたくないじゃと？

……。

ゴホン。では、また会おう。とりあえず、さらばじゃ。

「民法のない世界」に行ってみたまえー。

どどどどどどどーーー。

日本国憲法の条文に慣れるための解説

改正論が話題になっている日本国憲法（以下、「憲法」といいます）です。現行の憲法を前提にすると、ジュリが体験した「憲法のない世界」と現代の「憲法のある世界」とはどこが違うのでしょうか。また、憲法にはどのような規定があるのでしょうか。物語のシーンと条文に沿って、解説したいと思います。

まずは、このシーンです。

ポイント① 職業選択の自由

「次のニュースです。銀行員の家系《かけい》に生まれたにもかかわらず、パイロットになりたいなどと奇想天外《きそうてんがい》な言動《げんどう》を繰り返していた中学生の男子が、先ほどタイホされました」

（27頁）

ボーっとテレビをみていたジュリが驚いたのは無理もありません。わたしたちが暮らすいまの日本では、銀行員の家系に生まれた中学生が「パイロットになりたい」ということは、なんら「奇想天外」なことではないからです。

いまは、「夢を持とう」「自分のやりたいことをやろう」という時代です。親の職業に拘《こう》束《そく》される決まりがもしもあったら、あの村上春樹ですら、作家にはなれなかったことになります（同氏のご両親は国語の先生だったはずです）。

憲法は、こうした「**職業選択の自由**」について、明文《めいぶん》を設けて保障しています。

◉日本国憲法・22条

何人も、公共の福祉に反しない限り、居住、移転及び職業選択の自由を有する。

（2項は、略）

親の職業や家系にかかわらず、どのような職業を選ぶかは、その人の自由だということが、憲法によって保障されているのです。ただし、医師や弁護士など、国家資格を取得しなければなることができない職業もあります。「なりたければ、だれでもなれる」わけではないことになりますが、これについては、国民の生命や健康にかかわる医師、国民の財産にかかわる法律の専門家である弁護士などの職業は、専門的な知識や知見《ちけん》があることが認められた者でなければならないとすることによって、「**公共の福祉**《こうきょうのふくし》」（公《おおやけ》の利益）の要請《ようせい》に応えようとするものだといえます。

次は、このシーンです。

ポイント② 思想《しそう》・良心《りょうしん》の自由

「でも、思ったとしても口に出してはダメだ。社会が混乱する。みんな家系のなかでやっているんだ。自分だけ抜け出そうなんて考えは、世間《せけん》では通用しない」（29頁）

「いったい、どうなってるの？」というジュリの叫《さけ》び声《ごえ》がその後に出てきたのは、無理もありません。思ったことを口に出す行為は、わたしたちが住む現代の日本では自由なことで、特に禁止されていないからです。

では、なぜ自由なのでしょうか（つまり、なぜ禁止されていないのでしょうか）。

それは、まず第一に「どのようなことを考えても、考えるだけなら、その人の自由」だという「**思想・良心の自由**」があるからです。

◉**日本国憲法・19条**

思想及び良心の自由は、これを侵してはならない。

頭のなかで考える限《かぎ》りは、なにを考えても自由だということになります。それは、心のなかで、なにを考えても自由だという「**内心《ないしん》の自由**」の保障はもちろん、特定の思想（国にとって不都合な思想。たとえば、資本主義をとる現代の日本でいえば、共産主義など）を持つ者だということがわかったとしても、それを理由に国が処罰《しょばつ》をしたり、不利益を課《か》すことはできないことを意味します。

戦前の日本では、共産主義者（と疑われるだけでも）が逮捕され、処罰される事件が相《あい》次《つ》ぎましたが、そうしたことはできないということです。

そして、このように「思想・良心の自由」によって「内心の自由」が保障されている結果、さらに心のなかで考えていることを外部に発表することも、憲法は保障しています。これを「**表現の自由**」といいます。

◉日本国憲法・21条

集会、結社及び言論、出版その他一切の表現の自由は、これを保障する。

（2項は、略）

表現の自由は、民主国家において必要不可欠《ひつようふかけつ》の自由だといわれています。

なぜなら、国民が**選挙権**を行使《こうし》し、国民が選んだ代表者が国会議員となり、**法律を制定《せいてい》する**のが「**民主主義**」です（いずれも多数決で決めることになります）が、そのためには人が自分の考えを自由に述べることが保障されなければならないからです。

もっとも、近年では「ヘイトスピーチ」などの問題も浮上しています。人種や民族などを理由に、度を超えた差別的な言動《げんどう》まで野放しにしてよいかなどの問題です。

また、憲法に規定はありませんが、国民が発表する自由だけでなく、国民が「**知る権利**」も当然に保障されるべきだと解釈《かいしゃく》されています。

憲法が保障した「思想・良心の自由」および「表現の自由」からすれば、どのような内容であれ、それを話すだけ（発表するだけ）であれば自由である（禁止されない）のが原則です。しかし、他者の人権まで侵害してよいかというと、また別の問題になります。

特に最近では、会社の信用を低下させて、その営業に損失《そんしつ》を与えるようなＳＮＳの投稿なども、ニュースになっていますよね。

次のポイントは、ここです。

ポイント③ 居住《きょじゅう》・移転《いてん》の自由

「引越しをするためには許可が必要なんだ。どんなに近くでもな。そんなの常識だぞ。もう小学生じゃないんだから、そろそろ常識を身につけなさい」（31頁）

「意味わかんないんだけど」と、ジュリがつぶやいたのは無理もありません。わたしたちが住む現代の日本で、引越しをするために国や地方公共団体の許可が必要だ（国や地方公共団体の許可を得なければ引越しをできない）ということはないからです。

引越しの自由というと、当たり前すぎることだと思われるかもしれません。しかし、日本でも江戸時代には、関所《せきしょ》などがあり通行手形がないと通れない場所がありました。つまり、日本でも引越しはおろか、移動する自由すら保障されていなかった時代がかつてはあったのです。

この点について、憲法は明文で「**居住・移転の自由**」を保障しています。

◉日本国憲法・22条

何人も、公共の福祉に反しない限り、居住、移転及び職業選択の自由を有する。

2　何人も、外国に移住し、又は国籍を離脱する自由を侵されない。

憲法22条1項は、すでに取り上げた条文でした。どこで取り上げたのでしょうか。そうですね。「職業選択の自由」のところでした。「居住・移転の自由」と「職業選択の自由」は、同じ条文（22条1項）で保障されているのです。「居住・移転の自由」は、国内に限らず、外国への移住の自由も保障しています（憲法22条2項）。

最後のポイントはこちらです。

ポイント④　表現の自由

「（略）今度は、作家の伊鵜田計《いうだけい》氏がタイホされました。伊鵜田氏は、『時代は変わった。引越しは自由に認めるべきである』などといった作家にあるまじき奇想天外な内容の記事を、『週刊なにもいえないデス』に掲載《けいさい》し発表しようとしたとのことです。

『週刊なにもいえないデス』は明日発売予定でしたが、伊鵜田氏のタイホによって、大幅に黒塗《くろぬ》りがなされる模様です」（41頁）

「また、おかしなニュースだ、うーん、ほんとおかしいって」と、ジュリの頭は混乱しますが、これも無理もないことです。

作家の伊鵜田氏（ユッコのお父さん）が「引越しは自由に認めるべきである」と記事に書いて発表しようとしたことは、前で述べた「表現の自由」で保障されることです。したがって、国の考えにはむかう言論だからといって、その記事の内容を「大幅に黒塗り」にしてしまう（塗りつぶして隠す）検閲《けんえつ》は、現代の日本ではできないはずです。

「**検閲**」は、「表現の自由」を保障した憲法21条の2項で禁止されています。

◉日本国憲法・21条

集会、結社及び言論、出版その他一切の表現の自由は、これを保障する。

2　検閲は、これをしてはならない。通信の秘密は、これを侵してはならない。

このような話を聞くと、週刊誌や本などに掲載された記事などがプライバシーを侵害するとして、出版が差止めになったりすることもあるではないかと思われる方もいるかもしれません。

「**プライバシー権**」は、憲法には明文の規定はないのですが、13条が**幸福追求権**《こうふくついきゅうけん》（「幸福追求に対する国民の権利」）を保障していることから、現代の社会生活に不可欠の人権として、憲法によって保障されると解釈されています（裁判でも認められています）。

◉日本国憲法・13条

すべて国民は、個人として尊重される。生命、自由及び幸福追求に対する国民の権利については、公共の福祉に反しない限り、立法その他の国政の上で、最大の尊重を必要とする。

こうした「プライバシー権」と「表現の自由」とでは、しばしば衝突《しょうとつ》の問題が起きます。表現の自由が保障されるからといって、他人に知られていない私生活《しせいかつ》を暴露《ばくろ》する記事を書くことまで許されるのかというと、そうではありません。なぜなら、この場合、私生活を暴露されたくない（自分の情報は自分の自由にコントロールしたい）という、記事を書かれた人のプライバシー権の侵害になる可能性があるからです。

このように「人権」と「人権」が衝突する場面では、どちらかの人権を優先することになります。これらは裁判で明らかにされることになります。いずれにしても、このような人権と人権が衝突する場面が起きてしまうのは、憲法が「国民」（私人《しじん》）と「国」との関係を定めたものであるのに対して、「国民」（私人）と「国民」（私人）とのぶつかりあいが問題になる場面があるからです。こうした問題を「**憲法の私人間適用**《しじんかんてきよう》」といいます。

作家の伊鵜田氏の記事が黒塗りにされたのは、だれかのプライバシーを侵害するからではありません。専《もっぱ》ら「引越しの自由を認めていない」国にとって不都合な記載だからです。それで逮捕して、記事も黒塗りにしたのです。この場合は「私人間適用」の問題ではありませんから、もし「憲法」があれば、作家の伊鵜田氏の「表現の自由」が否定される理由はまったくなかったことになります。

憲法は「人権保障」という究極の目的を達成するために、「**三権分立**《さんけんぶんりつ》」（権力分立）という国の「統治のあり方」（統治機構《とうちきこう》）も定めています。

日本国憲法をみると、目的である「**人権**」の規定と、手段である「**統治機構**」の規定の2つに分かれています。重要なので「人権」部分に紙面《しめん》を割《さ》きましたが、統治機構には、立法権を担《にな》う「**国会**」、行政権を担う「**内閣**」、司法権を担う「**裁判所**」といった国の部分と、国のなかにある「**地方自治**」を定めた地方の部分とがあります。国家権力は濫用《らんよう》されやすく、人権が侵害されるおそれがあります。そこで、国家権力を3つに分け、お互いに抑制《よくせい》・均衡《きんこう》（チェック&バランス）をさせる仕組みを定めているのです。

憲法の特色は、「**人権保障**」（11条）を実現するために「**最高法規**《さいこうほうき》」（98条1項）とされている点にあります。人権を侵害するような「法律」があれば、憲法に違反する（違憲《いけん》である）として、無効になります。法律などが憲法に違反するかを審査する権限を「**違憲審査権**《いけんしんさけん》」といいますが、これは最高裁判所を頂点とした裁判所にあります（81条）。

◉**日本国憲法・11条**

国民は、すべての基本的人権の享有を妨げられない。この憲法が国民に保障する基本的人権は、侵すことのできない永久の権利として、現在及び将来の国民に与へられる。

◉**日本国憲法・98条**

この憲法は、国の最高法規であつて、その条規に反する法律、命令、詔勅及び国務に関するその他の行為の全部又は一部は、その効力を有しない。（2項は、略）

第2話

もしも民法がなかったら

民法のない世界の物語

「民法」がなかったら、どのような世界になってしまうのでしょうか。

ジュリはジャスの魔法で、今度は**「民法のない世界」**に連れて行かれます。

そこには、中学生同士のカップルが結婚することになったり、マンションの二重売《にじゅうばい》買《ばい》があったときに先に買った人よりも後から買った人が優先すると主張する人が出てきたり、借りたお金を返さないで大富豪《だいふごう》になったと豪語《ごうご》する人があらわれたりするなど、「民法のある世界」では考えられない人々が登場します。

第2話は少し長めですが、ボリュームのある法律である「民法」のない世界の物語を、まずはゆっくりと読むのでもよいので、楽しんでみて下さい。

シーン① けっ結婚？

「数学、やっと終わったね」

休み時間に、ジュリはユッコから声をかけられた。数学に名前が変わって、さっぱりわからなくなった。特に、今日の連立方程式は段違いにむずかしかった。算数はまだわかった。数学に名前が変わって、さっぱりわからなくなった。

まるで、中1の世界から突然、中2の世界に来たかのようだった。

「数学ってさ、むずかしいよね。なんで方程式なんて勉強しなきゃいけないのかなあ」

「わたしもサッパリよ」

「ほんとう？　ユッコはなんだかんだいって得意そうだけど」

「ほんとうだよ。そうだ。昨日ね、お母さんに数学の宿題みてもらったの。そしたらお母さんも解けなかったの。笑えるでしょ」

「うちなんて、パパも解けなさそう」

ジュリとユッコは吹きだした。

「ところでさ」

ユッコが切り出した。

「どうしたの」

ユッコが真剣な顔になったので、ジュリも真剣な顔で聞いてみた。

「じつはね……」

「なに？」

「じつはさあ……」

「なにかあったの。いいにくいことなの？」

「うん、少しいいにくいかも」

ユッコは小さな声でいった。

「なによお、水くさいなあ」

ジュリがそういったとき、突然、紙飛行機が飛んできて、ユッコのおでこにあたった。

「いたっ。なにするの」

ユッコが顔を赤くして声をあげると、「ゴメン」という声とともに、廊下《ろうか》から男子が入ってきた。

隣《となり》のクラスのケンくんだ。

「なんだあ。ケンくんだったのお」

ユッコは顔を赤らめた。

紙飛行機をぶつけられたときの赤い顔とは、なんだか意味がちがうようにみえる。

「ゴメン、ゴメン」

「いいよ、ゆるしてあげる」

「なんか嬉《うれ》しそうね。ユッコ」

「おかしいなあ」

ケンがいった。

「なにがおかしいの？」

ジュリは聞いた。

「いやね、ほんとうはユッコじゃなくて、ジュリちゃんをねらったんだよね」

そういうとケンは、あははと笑いながら、廊下に出て行った。すばしっこさは、まるで小学生のようだ。

「ん、もう」

ユッコがいった。

「でさあ、なに、さっきの話？」

ジュリは話を戻した。

「いやあ、あはは。じつはさあ……」

「だからなによ。もったいぶって」

悪いニュースではないみたい。この照れ笑いと、さっきの赤い顔からすると、もしかして、ケンくんのこと？

じつはさあ……、ケンくんのこと好きなんだ、とかいわれても、そんなことバレバレだから。ユッコ、顔に書いてありますから、とジュリは思った。

しかし、返ってきた答えは、意外なものだった。

「あのね。ジュリにお願いしたいことがあるの」

「お願い？ あっ、わかった。『手紙とどけて』とか？ いいよ、任せといて」

ジュリはバンと右手で胸をたたいた。

「手紙？ ちがう、ちがう。なによ手紙って？ わたしたちね」

「わたしたち？ たちって、ユッコとわたしのこと？」

「ううん、ちがうの。わたしと……ケンくん。あっ、いっちゃった」

「わかった！ じつはもう付き合っちゃってたりするんだ？」

ユッコったら、水くさいんだから。もう。

「そう……だよ」とユッコは舌を出した。

「なんだあ、そうなんだあ」

「そうなの。それでね……」

「それで？」

「大親友のジュリにさ」

ユッコがジュリの目をみながらいった。

「なによ、もったいぶって」

ジュリはいった。

「結婚式のスピーチをお願いしたいの」

け、け、結婚？？？

一瞬にして、ジュリの目は点になった。

「け、結婚って、ユッコとケンくんが？」

「そうなの。ごめんね、直前までナイショにしてて」

「直前までって、いやそういう問題じゃないし。っていうか、直前？　えっ？　わたしたち中学生じゃん。ユッコもケンくんも、13歳だよね」

「それがどうしたの？」

「どうしたって、まだ早いから」

まったく、気が早いったらありゃしない。ユッコったら、バカみたい。

「そんなことないわ。フツウノ先生にも報告したし、両家《りょうけ》で食事もしたんだ。日取《ひど》りも決まっているの」

「はあ？　じょ、冗談でしょう？　先生にも伝えたの？」

ジュリは顔を引きつらせた。

「なによ！　冗談なわけないでしょ。勇気を出してお願いしたのに」

ユッコは紙飛行機をぶつけられたときみたいに、顔を赤くした。

ひと息つくと、ユッコが口を開《ひら》いた。

「あっ、わかった。ジュリ、やいてるのね」

「や、焼いてる？　なにを？　サンマとか？」

「ふざけないで。もういいわ。ケンくんに紙飛行機でねらってもらったからって、いい気にならないで」

「ねらってもらっても、べつになんにも嬉しくないけど」

ジュリがいうと、ユッコの顔がさらに赤くなった。

「いくらジュリでも、わたしたちの仲を邪魔《じゃま》したりしたら、許さないから。そしたらもう、絶交《ぜっこう》だから！」

ぜっこう?　ジュリは驚いた。

ユッコは怒って自分の席に戻ってしまった。

キーンーコーン、カーンーコーン。

そのとき、ちょうどチャイムが鳴った。次の授業が始まる合図だ。

それにしても中学生の二人が結婚するなんて、おかしいよ。

冗談としか思えないって。

でも、ユッコの真っ赤にふくれあがった顔からすると、冗談などではなさそうだ。

キーンーコーン、カーンーコーン。

鳴り響く始業のチャイムは、とんでもないことの始まりを告げるかのようだった。チャイムの残響《ざんきょう》が、ジュリの心をさらに不安にさせた。

シーン② 売買《ばいばい》の誓約書《せいやくしょ》を先に交わしたのに……

ジュリはそのあと1日、ユッコに口を聞いてもらえなかった。

なんでそんなことで怒るんだろう。

……ていうか、中学生で結婚とか意味わかんないんだけど。

ジュリは家に帰ると、マンションのリビングでソファに座り、テレビをつけた。毎週楽しみにしている連続ドラマが始まる。

三角関係に悩む女子高生の恋愛もので、高校生活にあこがれる女子中学生の間で人気があるテレビドラマだった。

そのドラマが始まって、しばらくすると、ジュリは目が点になった。

「あなた、結婚してたのね」と主人公の女子高生のサキがいうと、「い、いや、そ、そんなことは……」とあこがれのサッカー部のジロー先輩が、しどろもどろになったからである。

サキはジロー先輩にぞっこんで、おっかけをしていた。たしか初めてしたデートの帰りに、なんとジロー先輩から「付き合って下さい」といわれたのだ。ジロー先輩はサキのクラスメイトで親友のリリカと付き合っていた。最近、あまりうまくいってなかったようで、チャンス到来となったのだ！

でも親友の恋人を奪っていいのか、という葛藤《かっとう》がサキに出てきた。

それが前回までだった、……はずだ。

それが今回の放送だと、ジロー先輩は中学生のときからリリカと結婚していた……ことになっている。それがサキにバレてしまった、という展開だ。

ああ、もう。またおかしなのが始まった。頭がクラクラしてくる……。

ジュリは、テレビのスイッチを消そうとした。

と、そのとき玄関のインターフォンが鳴った。

ピンピンラポーン、ピンピラポーン
「はーい、いま行くわね」

玄関に向かうママの声が聞こえた。

「いやあ、今日もたいへんだったよ」

パパの声が聞こえた。

「今日もお仕事、おつかれさま。さあ、ご飯食べましょう」

ママの声だ。

「ただいま」

パパがリビングに入ってきた。

「おかえりなさい、パパ」

ジュリがいった。

「おっ」

パパがテレビに目を向けていった。

「なに？　どうしたの」

「やってるね、ジュリの好きなドラマ」

「うん、そうなの……。いま消そうと思ってたんだけど」

「消すことないよ。毎週楽しみにみてたじゃないか。いやあ、パパも高校生のころを思い出すよ。若いっていいよな」

「そうかな」

ジュリは当惑気味《とうわくぎみ》に答えた。

いつもなら「いいでしょう。10代は若くて。わたしみたいなピチピチは、どう?」なんて冗談もいうところだ。けれど学校でもテレビでも、中学生が結婚するのが当たり前になっているのをみて、ジュリはショックを受けていた。

「おっー、なんだ。そうだったのかあ」

パパがいった。

「えっ? どうしたの」

「いや、みてみなよ。ほら、サキちゃんもさ、じつは結婚してたんだ。うーむ」

ジロー先輩だけじゃなくて、サキも結婚……。あー終わってる。

ていうか、なにがうーむよ。バカじゃない。パパまで、ほんとに。

既婚《きこん》の高校生同士の恋愛ものなのに、おかしいと思ってないみたい。

ああ、いやだいやだ。こんな頭のおかしい世界、早く脱出したい。

「そうかあ。このドラマ、じつは四角関係だったんだ。ははは、ドロドロだね」

パパは声を出して笑った。は？　四人なだけで、どこが四角？

「やめて下さいよ。パパ」

そうか、ママは正常なんだ。ジュリはほっとした。

「ジュリの教育上よくないわ」

そうよ。ほんと、頭おかしくなるから。いいぞママ。

「ジュリだって、もうお嫁《よめ》に行く年ごろなんだから」

ジュリが、お、お嫁に……。って、まだ13歳だから、わたし。

ダメだっ。ママもだ……。

「そんなドロドロカップルじゃなくて、ジュリには旦那さんは一人。ママはそれが一番だと思うわ。よほどのことでもない限り。それにジュリには、もう少し家にいてほしいわ。せっかく、あなたが一生懸命働いて、このマンション買ってくれたんだし」

「まあ、それもそうだね。まだ住み始めて1年だしな。うん、パパもそう思うよ」

まともなのだか、おかしいのだか、わからなくなってきた。

それでもママはやっぱりまともなんだ、とジュリは思った。

パパも一人娘のことを大切に思ってくれているのだとわかった。
ジュリは少し安心した。ん？　住み始めて1年、だっけ……？
だいたい許可とか、いつとれたんだっけ？　あれは夢？　う〜ん。もう寝ようっと。
と、ジュリが思ったとき、
ピンピンラポーン、ピンピラポーン
バンバンバンバン
という音が聞こえてきた。
玄関のインターフォンと、ドアをだれかがたたいている音のようだ。
ピンピンラポーン、ピンピラポーン
バンバンバンバン　バンバンバンバン
バンバンバンバン　バン……
「だれかしら。こんな時間に」
「だれだろうね。しかもドアをたたいて」
バンバンバンバン　バンバンバンバン
「なんだか、怖いわ」

ママが不安そうにいった。

「よし、パパがみにいこう」

だれだろう？　夜の9時過ぎにインターフォンが鳴るのは、おかしなことではない。

でも、ドアをたたく音が尋常《じんじょう》ではない。ジュリはまた不安になってきた。

バーーン
うわっ
いやな音が聞こえた。

「キャー、パパ、大丈夫？」

ママがあわてて玄関のほうに走っていった。

キャーーーーーーッ
「ママ！」

ジュリは凍《こお》りついた。怖くて身体がかたまり、ジュリは動けなくなってしまった。

しばらくすると、若い女の声が聞こえてきた。侵入者は、リビングに向かって歩いていくようだ。そして、その侵入者は、声からすると若い男女の二人のようだった。

だれなの？　いったい。

まさか……、泥棒？

「なんだ、まだ一人いたよう」

男がリビングに入ってきた。

「ていうか、ありえない」

若い女がいった。

「こんなはずじゃ、なかったんだけどよう」

男がいった。

「わたしこそ、こんなはずじゃないし」

女が不機嫌《ふきげん》そうにいった。

「困ったなあ。とにかく出て行ってもらうしかないだろう。とりあえず、あのオッサンとオバサンもリビングに連れてこいよう」

男が女にいった。

「なんで、あなたに命令されなきゃいけないの。いや、わたしは」

女が口をとんがらせていった。

ジュリは、女子高生サキのドラマをつけたままのリビングで凍りついていた。

「しょうがねえな。おれが連れてくるか」

男はそういうと、ジュリのパパとママをリビングに引きずってきた。

「パパ！　ママ！」

ジュリは叫《さけ》んだ。

いや、なに？　信じられない……。

引きずられてきたパパは頭から血を流し、倒れていた。

どうやら気絶《きぜつ》してしまったようだ。

ママは口を開《あ》けて黙っている。恐怖から声が出なくなってしまったようだ。

「あれえ、おかしい」

若い女が窓の近くに行き、声を上げた。

「なんか、ちがくない。いってた話と。スカイツリーなんてみえないし。ていうか、目の前に新しいマンション建設中？　マジありえないんだけど」

若い女はそういうと、イライラし始めた。

「いまは、それどころじゃないだろう」

「それどころじゃない？　どうするの。この人たち」

若い女が声を荒げた。

「あっ、あの」

ジュリは勇気をふりしぼって声を出した。

「なんだよ、お嬢ちゃん」

「お金はいくらですか？」

ジュリは犯人たちにお金を払わなければと思った。パパとママをたすけなきゃ。お金より、いまは命よ……。役所に積んだお金よりも、たくさん積まなきゃいけないかも。相手は泥棒なんだからっ。なんとかして切り抜けないと……。

「お嬢ちゃん。アンタは勘違《かんちが》いしているようだ。おれたちはよう、……物取りじゃねえんだ」

「じゃあどうして、こんなこと……。あなた、泥棒じゃないんですか？」

ジュリはおそるおそる小さい声をふりしぼった。

「勘違いするなよ、お嬢ちゃん。おれたちはよう、このマンション買ったんだよ。3日前にな。売主《うりぬし》の鷺須木《さぎすき》さんにも入金済《にゅうきんず》みなんだ。マンションのオーナーに金払ったんだよう」

「ちょ、ちょっと待てくれ。それはおかしいぞ」

「パパ？」

パパが意識を取り戻した。

大丈夫？　パパ。無理しないでっ。

「なにがおかしいだよう」

「このマンションは、わたしが鷺須木さんから1年前に買ったものだ。誓約書《せいやくしょ》もある。わたしのほうが先に買っている。それに1年前から住んでいる」

そういうとパパは、奥の部屋から「売買誓約書《ばいばいせいやくしょ》」と書いてある紙を持ってきた。

「ここに書いてあるだろう。会社から紹介されて、取引先の親族《しんぞく》から買ったんだ」

「けっ、なんだ。鷺須木のヤツ。二人に同じマンションを売ったのか。ちょっと待て、鷺須木に電話する。……おい。……けっ。ちぃ、やられたよう。バックれやがったか、あいつ。現在、使われてません……だと」

「だまされたんだね。なにやってんの！」

若い女が長い足をクネリと動かし、床をけった。

女なのに、ずいぶんと慣れた感じのけり方だ。


「……いや待て。でも、おれだって売買誓約書を持っているぞ。みてみろよう、これを」

男も売買誓約書と書いてある紙をカバンから取り出した。

二人ともサギスキさんから、このマンションを買ったってことか。でも、なんなのサギスキさんって。二人にマンション売るなんて、やっぱりみんなおかしいよ。

男は、少し考えると口を開いた。

「こういうときは、どっちが高いお金で買ったかで決めるしかないな。おれは5500万円払った。この売買誓約書にもそう書いてある。しかも一括して入金したよう。でも、おたくは……、ふーん、2800万円じゃないか。じゃあ……おれの勝ちだ」

「そ、そんな……なにをいっているんだ、キミは。うちにはみてのとおり、妻と娘がいるんだ。家族がいるんだ」

「るせえなあ。おれにだって、ワカメがいるんだよう」

「ワ、ワカメ?」

「この女だよう。こいつの名前だ」

ぷっ。

ジュリは笑いそうになった。

が、次の瞬間、ジュリは声を失った。

「るせえヤツはこうしてやるよう」

そういうと、男は胸ポケットから鉄のかたまりのようなものを取り出し、パパの顔に近づけた。

ピストルだった。

ジュリは声を失った。

ちょ、ちょっと……。もう、どうなってんの。こ、殺される。

「もしもしー」

ワカメが、携帯を耳にあててしゃべり始めた。

「もしもしーコンブ？　あのさあ、なんかだまされたっぽくて、スカイツリーなんかみえない部屋に連れてこられちゃったんだけど。……そうなの……」

ワカメを無視して男は続けた。

「いいか、オッサン。お嬢ちゃん……」

「や、やめろ！」

そのとき、パパが男に飛びついた。

ボコっ、バーン。

パパが男にけっ飛ばされ、宙に舞った。

やめて……。だれか、だれかたすけて……。パパが死んじゃうよ。

「いいかい、オッサン。次にこんなことしたら、そこのかわいいお嬢ちゃんを撃っちゃうよう」

男はピストルの銃口《じゅうこう》をジュリに向けた。

「い、いやっ」

ジュリは男からピストルの先を左の胸にあてられた。

「な、なんてことを……」

「おいワカメ。ここにいるオッサンとオバサンを縛《しば》ってやれ。いつもの感じじゃダメだぞ。きっつくな」

と男はワカメと呼ばれる女にいった。

「なんでプレイするの？」

「プレイじゃない、本気で縛れ」

男がそういうと、ワカメはブランドの大きなカバンから縄《なわ》を取り出し、パパとママをぐるぐるに縛り上げた。

ワカメが二人を縛り終わると、ジュリの左胸にピストルを向けていた男が、今度はジュリを縄で縛り始めた。

ジュリは恐怖のあまり、抵抗することができなかった。

「いいかオッサン、オバサン、それからお嬢ちゃん。今日からよう、おれとワカメがこのマンションに住むことになった。いい忘れたが、おれはトビタだ。トビタナツムだ。おまえたちは今日から縄生活《なわせいかつ》だ。飯《めし》もやらない。奥の部屋で縄生活の余生《よせい》を過ごすんだよう。お

もう、そう長いことはないだろうけどな」

口まで縄で縛られたジュリは、パパとママと一緒に縄で引きずられ、奥にある5畳《じょう》の部屋に連れて行かれた。

三人ともぐるぐるに縛られて身動きもとれないし、しゃべることもできない。

このままじゃ、みんな死んじゃうよ。

わたしもパパもママも……。

だれか……たすけてっ！

シーン③ 借金を踏み倒す大富豪《だいふごう》

「いやあ、いいね。うんいいね。この眺《なが》めはいい」

ゲンゾウはスカイツリーをみながら、笑みを浮かべた。

高層マンションの30階からみえる夜景《やけい》は、都会の夜をロマンチックに映し出していた。

「これで、隣《となり》に美女がいたら最高だな」

富野《とみの》ゲンゾウはそういうと、シャンパングラスを傾け、いっきにドンペリニオンを口のなかに流し込んだ。細長い白のプレートには、5種類のチーズとドライフルーツが盛られている。

「オレンジ色のチーズなんてあるんだね」

中学生くらいの男の子がゲンゾウに聞いた。

「それはミモレットというんだ。おまえも食べるか」

「僕はいいよ。そのかたそうなのを食べてみたい」

「いいセンスだ。それはパルミジャーノ・レッジャーノだ」

「長い名前だね。覚《おぼ》えられないよ」

「チーズの王様とも呼ばれている」

「よくわからないけど。うっ。僕には……まだ食べれないや」

「それがそのうち、美味《うま》くなる。大人になるとな。そして成功者になるとだ」

「このマンション、高かったんじゃない?」

「まあまあだ。でも父さんにとっては、大《たい》したことないな。わははは。父さんはすごいだろう」

「うん、すごいよ。これで父さんのマンションはいくつになったんだろう」

「数えられないほどあるさ」

「父さんはお金持ちだもんね」

「お金持ちなんてもんじゃない。大金持ちだ。大富豪《だいふごう》だ。わははは。おまえにも、たくさんイサンを残してやるからな」

「イサンって、なに？」

男の子はいった。

「イサンを知らないのか。わははは。欲がないんだな、おまえは。まあいい。イサンの話はまだ先のことだ。とりあえずは、このマンションでいい生活をしなさい。ライトアップされたスカイツリーを毎晩眺めて、優雅《ゆうが》な時間を奥さんと過ごせばいい」

「ありがとう、父さん」

「なにをつくってるんだ？　紙、折り曲げて」

「紙飛行機だよ、これ」

「あいかわらず好きなんだな」

「うん、ボクはこれに乗るんだ」

「それに乗るのか。父さんみたいな大金持ちにはなれんぞ。それに乗ってるだけじゃ。

……まあいい。夢を持つことはいいことだ」

「うん、パイロットになって雲の上を自由自在に飛びまわる。それがボクの夢なんだ」

と、そのとき玄関のインターフォンが鳴った。

ピンポーン

「なんだ。こんなところまできたか」

「また、いつもの取り立ての人？」

「まあ、出てみよう。そこで待ってなさい」

そういうと、富野ゲンゾウは玄関に行き、ドアを開《あ》けた。

「富野さん、困ります」

やせた男が、困った顔で立っていた。

「なんでしょう」

富野ゲンゾウはいった。

「なんでしょう、じゃないですよ。いい加減に返して下さい」

「なんのことですかな」

「なんのことですかな、じゃないですよ。1000万円です」

「どうして1000万円を返す必要がありますかな」

「どうしてって、貸したからじゃないですか」

「だれにですかな」

「だれにですかなって、わたしが富野さんに貸したんでしょう」

「しりませんな」

「しりませんな、じゃないですよ。これをみて下さい」

というと、困った顔をした男は、「わたくし富野ゲンゾウは、あなた駒田《こまた》さんから100万円を借りました。必ず返します」と書いてある紙切れを、富野ゲンゾウにみせた。

「なるほどですな」

「なるほどですな、じゃないですよ。返して下さ……、な、なにするんですか！」

ジュボボボボ、ジュボボボボ
ジュボボボボという音をたてながら、その紙切れは燃えて灰になってしまった。

富野ゲンゾウはライターをカチッと鳴らすと、ふーっといった。

「ヒ、ヒ、ヒドいじゃないですか」

「で、借りた証拠《しょうこ》は、どこにあるのですかな」

「ヒ、ヒドすぎる！　大事な1000万円だったのに……」

そういうと、困った顔をしていた駒田は、さらに困った顔をして、走り去っていった。

「父さん、大丈夫？」

男の子は、後ろから不安げにのぞいていた。

「なんだ、みてたのか。気にするな。こうやって金を稼《かせ》いできたんだ。これが父さんのやり方だよ。わははは。おまえのように心がやさしいヤツには、できんだろうな。しかし、『貸した金は返しなさい』という決まりなどない。向こうは高い利息《りそく》で稼いでいる。人の道徳心《どうとくしん》につけ込んだ悪徳商法《あくとくしょうほう》だな。こちらは、それを逆に利用してやっているだけだ」

富野ゲンゾウの理屈《りくつ》は、男の子にはむずかしかった。

ポカンとする男の子をみながら、富野ゲンゾウは「わははは」と笑った。

シーン④ マンションの表札《ひょうさつ》が変わっている……

「ユムラさん。ユムラジュリさん。あれ……今日はユムラさん、お休みかしら。めずらしいわねえ」

担任の仏宇野《ふつうの》先生は、出席をとりながら、ジュリを探している。

「だれか、知らないかしら? 先生のところには連絡がないのよね。ユムラさんはいままで1日も休んだことはない子だから、少し心配ね」

わたしのせいだ、とユッコは思った。

「ヤマシタさん。なにか聞いてない？」

「し、知りません。なにも聞いてないです」

ユッコは下を向きながら答えた。

ほんとうは知っているのに……わたしがいけないんだ。きっとそう……。昨日、わたしがあんな態度をとったから、ジュリは今日、学校に来てないんだ。わたしのせいだ。

ユッコは後悔していた。

大親友のジュリには、ケンとの結婚を喜んでもらいたかった。披露宴《ひろうえん》でもジュリからのお祝いの言葉を聞くのが、なにより楽しみだった。

それなのに、昨日はヒドいことをいってしまった。結婚式の日取りまで決まっているのに、ケンがほんとうに自分だけを好きなのか、ユッコは不安になっていたのだ。

ケンはもしかしたらジュリにも興味があるんじゃないか、と思うことがあった。だからといって、ジュリはケンに興味を持っているようにはみえなかった。ジュリは、もともとだれからもモテる。だれとでも仲良くできる。それがジュリの魅力《みりょく》だった。

けれど、ユッコはケンのことを好きになってから、ジュリの存在が不安になることがあった。そんなことを考えてはダメだ、と思いながら、どうしても好きなケンのことを考えると、猜疑心《さいぎしん》や嫉妬心《しっとしん》がむくむくと芽を出してくるのだ。


授業が終わると、ユッコはジュリの家に行くことにした。

ユッコがジュリの家に向かって歩いていると、「一緒に帰ろう。今日はどうしたの?」と、後ろから肩をたたかれた。

ユッコが振り返ると、ケンだった。

「そっちじゃないだろう。ユッコのうちは。どこか寄っていくの?」

ケンが聞いた。

「じつは今日、ジュリが無断で学校休んだの」

「あれ?　昨日は元気そうだったよね」

「わたしがいけなかったかもしれないんだ」

「なにかいったの?」

「ケンくんとの結婚のことを話したの」

「スピーチを頼んだのかな」

「そう、そこまではよかったんだけど……」

「それで?」

「ちょっとしたことでケンカしちゃってさ」

「そっか。でもジュリちゃんて、そんなことで学校を休むような子だったかな」

ケンはそういって、不思議そうな顔をした。

「たしかに。前にもわたしがプンってなっちゃったときでも、ジュリは学校を休んだりしなかった。いつもニコニコしてたもん」

「心配だね。なにかあったのかも。ボクも一緒にいくよ。万が一のことがあったら、たいへんだし。キミはボクの大事なお嫁さんになる人なんだから」

「ありがとう」

ユッコは感激した。

「よし、一緒にジュリちゃんちに行こう」

ピンピラポーン　ピンピラポーン
ピンピラポーン　ピンピラポーン
「おかしいなあ」
玄関のインターフォンのボタンを押しても、だれも出てこない。
「あれっ」

ケンがいった。

「どうしたの？」

ユッコがケンにいった。

「ちょっとみて。この表札《ひょうさつ》」

「あっ」

表札をみると、湯村《ゆむら》ではなく、飛田《とびた》と書いてある。

「おかしいぞ。これは絶対おかしい」

そういいながら、ケンはインターフォンのボタンを押し続けた。

ピンピラポーン　ピンピラ……

バーン
6回目のインターフォンのボタンを押したとき、バーンという大きな音とともにドアが開いた。

出てきたのは、みたこともない男だった。

「あ、あのお。ジュリさんと同じ学校の富野健《ケン》です。富野と山下です。ジュリさんが今日お休みされたみたいだったので、心配になって来ました。ジュリさんは大丈夫ですか？」

ケンが聞いた。

「知らねえよう」

ケンとユッコは、玄関のなかに入れられた。

「運の悪いヤツらだな。かわいそうによう」

二人は、その男に後ろからいきなり縄でぐるぐる巻きにされた。

そして、そのまま奥の部屋に投げ込まれた。

シーン⑤ 危機《きき》一髪《いっぱつ》

ケンが部屋のなかをみると、ジュリとその両親が同じように縄でぐるぐるに巻かれ、グッタリしていた。三人とも衰弱《すいじゃく》している。

「いったい、どういうことなの？」というような目を、ユッコはジュリに向けた。

ジュリは口をもぐもぐさせたが、縄が邪魔をして言葉をうまく出せず、ユッコには聞こえない。

なにか策はないだろうか。ケンは考えた。体力を失わないように目を閉じた。

しばらくすると、隣《となり》の部屋から若い女の声が聞こえてきた。

「夜景がキレイな高層マンションだって、いってたじゃない。スカイツリーがすぐ近くにみえるって、いってたじゃない。うそつき。この大うそつき。『詐欺好《さぎず》き』とかいう男にだまされたとかいうけど、ほんとはトビタさんがわたしのこと、だましてるんじゃないの？」

「サギズキじゃない。サギスキだよう」

「どっちにしても、サギ野郎《やろう》でしょうが。ていうか、他人が住んでるよね。めんどうなことになってるし。なにが縄生活よ。バカじゃないの。あの五人を殺す気なの？　頭、イカれちゃったんじゃない？　いつまで、あの人たちを縛っておくのよ」

ワカメと呼ばれる若い女のヒステリックな声がやむと、トビタと呼ばれた男の弁解《べんかい》が聞こえてきた。

「わ、悪かったよう。12階だし、けっこう高いじゃないかよう。ほら、遠くにスカイツリーもみえるよう。夜景も、なかなかじゃないかよう」

この弁解で、若い女はさらにヒステリックになった。

「30階って、いってたじゃない。スカイツリーなんてみえないじゃない。だいいち二人で住むはずだったじゃない」

「悪かったよう」

「もういや。ていうか、なんで、この人たちと同居なの。ありえないから」

という男女の声が聞こえたかと思うと、その声が目の前で大きくなった。

バタンとドアが開いた。

「わたし、もう帰ります。この部屋、出ていきますから」

ワカメが縄で縛られた五人に向かっていった。

「あとは、がんばって下さい。じゃあ」

そういい残すと、ワカメは玄関に向かって行った。

「お、おいワカメ。待ってくれよう。ちっ、ちくしょう」

トビタという男の声も聞こえてきた。

「そういうことだ。悪いけど、おまえら、運が悪かったんだよう。五人とも消えてもらうよう。ワカメがおまえたちとの共同生活を望んでないみたいなんだ……。残念だけどよう」

そういうと、トビタは、ピストルの銃口を五人のほうに向けた。

「ま、待って下さい」

元気が残っているケンは、口にあてられた縄の先から声をふりしぼった。

「待てないよう。ワカメを愛してるからだよう。ワカメの機嫌《きげん》を取り戻さないといけないんだよう。ここまでだ」

トビタはいった。

「待って下さい。うちの父さん、スカイツリーが目の前にある夜景がキレイな30階のマンションを持ってます。ボクたちがこれから住む予定だったマンションです……そこを使って下さい」

「るせえな。関係ねえよう。撃つぞ」

ピストルの銃口がケンに向けられた。

ケンは下を向いた。

パシッ
「イテッ、ナ、ナンダ」

ケンは何事かと思い顔を上げると、トビタがワカメと呼ばれていた女にほっぺたを平手打ちされていた。

「いいじゃない。そこにしよ。そっちのほうがいい。そのマンションに住んでいいんだよね。そしたら、ここからわたしたち、出ていくわ。そっちのほうがよさそうだし。スカイツリーがみえる30階なんて、ステキ」

「ちっ。おまえたち、運がよかったよう。そこの生意気《なまいき》そうなボッチャンよう。えらく高級そうなマンションを持っているんだねえ。いますぐ、ここへオヤジを連れてきな。電話貸してやるから。ここで電話してオヤジを呼ぶんだよう。ほら」

そういうと、トビタと呼ばれる男は携帯電話をケンに渡した。

ケンが電話をすると、ケンの父さんがすぐにやってきた。そして、開口一番《かいこういちばん》、こういった。

「どうぞ住んで下さい。その代わり、ここからは即刻《そっこく》出ていって下さいな。ほら、これがマンションのキーですな」

「うそっぱちだったら、オッサンの命の保障もないからな。また戻ってくるからな」

トビタはいった。

「ケンにユッコちゃん。今日はツイてなかったようだ。でも大丈夫だ。また、ほかのマンションをみつけてあげよう」

ケンの父さんはいった。

「おい、聞いてるのかよう」

トビタがいった。

「アンタ、うざいよ。もう行こう。わたし、そのマンションに住めればそれで十分だから。

この人たちに興味ないし。さあ、行こ行こ」

ワカメがトビタにいった。

「……じゃあ、行こうかよう」

そういうと、トビタとワカメは出て行った。

「たいへんでしたね。さあ、すぐに縄をほどきましょう」

そういうと、ケンの父さんは五人の縄をほどいてくれた。

「たすかりました。ありがとうございます」

ジュリの両親は口をそろえていった。

「ジュリ、たいへんだったね。心配して来たんだよ。昨日はゴメンね」

ユッコがジュリにいった。

「いいの。気にしないで。それよりたすけてくれて、ほんとうにありがとう。ケンくんもケンくんのパパもごめんなさい。わたしたちのせいで、大事なマンションが……」

「いいんです。それは」

ケンの父さんがあっけらかんといった。

「どうせ、踏み倒した借金で買ったマンションですからな。わははは」

ざっくりわかる民法のお話

いかがじゃったろうか?

今回は「民法のない世界」じゃったが、ジュリはたいへんな目にあったみたいじゃな。
でも、なんとか救われた。ハッピーエンドじゃ。
民法がなくても、なかなかいいヤツもいたようじゃな。
だが、民法があればどうじゃったろう。

「憲法」と違って「民法」はイメージができなくなる人が多いんじゃ。
キミもそうじゃったか。

なんでじゃろうか?

それは学校では、民法を教えてくれないからじゃよ。

憲法は小学校の社会の授業などでも、少しは教えてくれる。それだけのことじゃ。

もしかしたら、学校の先生も、民法のことはよくわかってないかもしれん。

たぶん多くの大人も、民法のことなんてよくわかってないんじゃよ。

大人になったらまったく使わない、こむずかしい数学や物理の法則は学校で教えてくれるのにじゃ。

たいへんじゃったろう。民法がないと!

キミたちが因数分解《いんすうぶんかい》や平方根《へいほうこん》、オームの法則などを知らなくても、なにも世界は変わらんじゃろう(いいすぎかもしれんが)。

けれど、民法がなかったら、キミたちの世界はガラリと変わってしまうんじゃ。

民法はたくさん条文があるホウリツだから、べつに全部読む必要はない。全部知る必要もない。
困ったときは、ホウリツの専門家に相談すればいい。それでもええんじゃ。

でも、これだけは知っておいて損はない！

民法って、なんじゃ？

答えよう。
民法は、人と人の関係をまとめたルールブックじゃ。

民と民の間のルールじゃ。
人と人の間のルールじゃ。

民民じゃ。ミンミン。ミンミンだからミンポウじゃ。
民間人なんていったりするけどな。

ようするに、憲法と違って「国」との関係ではなく、国に住む「人」と「人」、つまり「民《みん》」と「民《みん》」の関係が「民法」なんじゃ。

ミンミンミンポウ。ミンとミンじゃ！

民・民・民法。民と民。

ちなみに、ここでいう「人」は生きている人だけじゃない。

えっ？　亡くなった人も入るのかって？　そうじゃない。

生きている人だけじゃなくて、会社のような「人」の集まりも入るということじゃ。これを「ホウジン」という。法によって「人」と同じように「民法」が適用されるようにしてもらえる。だから「**法人**《ほうじん》」というんじゃよ。

会社も病院も「ホウジン」になると、一人の「人」のように扱ってもらえるんじゃ。

「人」として扱ってもらえるというのは、どういうことかって？

それは「**財産**」を所有できるということじゃな。

あるいは**「借金」**ができるということじゃ。

「財産」を持っていることを**「権利」**というんじゃ。

「借金」を負《お》っていることは**「義務」**というんじゃな。

わかりやすくいうと、**「権利」は「自由」**じゃ。

権利を持っている人は自由にできるんじゃな。

これに対して、**「義務」は「拘束」**じゃ。

義務を負っている人は拘束されてしまうんじゃな。

ジュリが連れて行かれた「民法のない世界」がたいへんなことになっていたのは、「権利」や「義務」を決めたルールがないからなんじゃよ。

ジュリのパパは、鷺須木《さぎすき》という男からマンションを買った。買ったということは、ジュリのパパには、マンションを自由にしていい「権利」を得たということなんじゃ。自分で住んでもいいし、家族と一緒に住んでもいい。ほかの人に貸して家賃をもらってもいいし、売ってしまってもいい。
こういう自由な権利を「所有権《しょゆうけん》」というんじゃ。
マンションを所有する権利のことじゃな。

他方でじゃ。ケンの父さんの、富野ゲンゾウは、人から借金ばかりしておる。人から借りたお金は返さないといけない。これは、民法に「消費貸借契約《しょうひたいしゃくけいやく》」として規定されておる。こういう拘束を「義務」というんじゃな。

だが、富野は人の道徳心にふれておる。法律など知らなくても、たとえば、友達から借りた500円は返すじゃろう。これは、じつは「道徳」なんじゃ。だから、法律がなくても、一般には道徳で人の行動は律《りっ》せられている。

しかし、道徳は違反しても心に訴《うった》えるだけ。法律は、違反した場合に「強制力《きょうせいりょく》」があるんじゃ。裁判所を使えば、「貸したお金を返せ」という「判決《はんけつ》」をもらえるし、それでも払わなければ貯金《ちょきん》や家などに対して「強制執行《きょうせいしっこう》」もできるからじゃ。

「民法のない世界」にも、誓約書が出てきた。でも、これはあくまで当事者同士の約束じゃ。契約のルールを定めた民法が「民法のない世界」にはないから、紙に書いても当事者の道徳心に左右されるようじゃな。

もう1つだけ、つけ加えよう。

民法は、財産と借金のほかに、結婚や離婚、親子や相続《そうぞく》のことなども定めているんじゃ。人と人は大人になれば結婚したり、離婚したりすることもある。それから、親と子の関係も人と人との関係だからのお。

何歳になったら結婚してもいいとか、未成年者が結婚する場合は親の同意が必要とか、そういうことじゃ。また、人が亡くなれば「**遺産相続**《いさんそうぞく》」もある。

ちなみに、いまの民法では、男子は18歳、女子は16歳になって初めて結婚できるんじゃ。ただし、未成年が結婚する場合は親の同意が必要じゃよ。だから、中学生のユッコとケンはいまの民法であれば、まだ結婚できないんじゃ。

それから、離婚のときは、結婚してからつくってきた財産をお互いに分けましょう、ということを決めてるんじゃ。「**財産分与**《さいさんぶんよ》」というやつじゃね。

わかったかのお?

ミンポウは、ミンミンミンポウじゃ。

①　ミンとミン、人と人の間のルールじゃ

②　中身は、財産と借金。権利と義務じゃ

③　人と人が結婚したり、離婚したり、亡くなったりしたときのことも決めとるんじゃ

カンタンじゃろう。

ミンミンミンミンポウ、覚えておくんじゃぞ。

さて、次は「刑法のない世界」じゃ。

えっ？　だから、そんな世界に興味はないじゃと？

……ゴホン。

……では、また会おう。とりあえず、さらばじゃ。

「刑法のない世界」に行ってみたまえー。

どどどどどどーーー。

民法の条文に慣れるための解説

◉民法の改正内容と施行日◉

改正内容	施行日
⑴　2017年改正 （債権法）	2020年４月１日
⑵　2018年改正 （成年年齢の引き下げ）	2022年４月１日
⑶　2018年改正 （相続法） ①　自筆証書遺言の方式を緩和する方策 ②　原則的な施行期日 ③　配偶者居住権及び配偶者短期居住権の新設等	段階的 （下記①～③） 2019年１月13日 2019年７月１日 2020年４月１日

近代国家に生まれ変わる過程で、明治維新を果たした日本がフランスやドイツの民法を参考に制定したのが民法です。

民法は、戦後に全面改正された親族・相続法を除き（それ以外の財産法の部分は）、基本的に大部分が１００年以上前のままでした（なお、２００４年〔平成16年〕に現代語化され、条文の言葉が漢字カタカナの文語体《ぶんごたい》の表記から、漢字ひらがなの口語体《こうごたい》に変わるなどの改正はされています）。もっとも、２０１７年（平成29年）、２０１８年（平成30年）に大きな改正がされました。公布《こうふ》されたものの、まだ施行《しこう》されていないものが多いのですが(※)、右の表のとおりです。

このような民法ですが、ジュリが体験した「民法のない世界」とはどこが違うのでしょうか。また、現行の民法にはどのような規定があるのでしょうか。物語のシーンと条文に沿って、解説したいと思います。

※……法律は国会の議決《ぎけつ》で「成立」すると、一般に知らしめるため官報《かんぽう》に掲載され「公布」がなされます。その後に「施行」され、実際に適用されるようになります。

まずは、このシーンからです。

ポイント① 婚姻適齢《こんいんてきれい》

「け、結婚って、ユッコとケンくんが？」

「そうなの。ごめんね、直前までナイショにしてて」

「直前までって、いやそういう問題じゃないし。っていうか、直前？　えっ？　わたしたち中学生じゃん。ユッコもケンくんも、13歳だよね」

（66頁）

同級生のユッコから結婚式のスピーチを依頼されたジュリは目が点になってしまいますが、無理もありません。いまの日本では、民法に規定があり、結婚するためには、男性の場合は18歳以上、女性の場合は16歳以上でなければならず（これを「**婚姻適齢**《こんいんてきれい》」といいます）、未成年者の場合には親の同意が必要とされているからです（ただし、２０２２年４月から、婚姻適齢は男女ともに18歳に統一されます）。

中学生同士であれば、どちらも婚姻適齢を満たしていませんから（民法上の「婚姻」が成立するためには、もちろん夫婦の両方が「婚姻適齢」を満たしていることが必要です）、いまの「民法のある世界」であれば、13歳の二人は法律上、結婚できないのです。

この点について、民法は次のように規定しています。

◉民法・７３１条

男は、18歳に、女は、16歳にならなければ、婚姻をすることができない。

◉民法・７３７条

未成年の子が婚姻をするには、父母の同意を得なければならない。

2　父母の一方が同意しないときは、他の一方の同意だけで足りる。父母の一方が知れないとき、死亡したとき、又はその意思を表示することができないときも、同様とする。

婚姻というのは結婚のことですが、民法にいう「婚姻」が有効に成立するためには、所定の様式に従い、市区町村に届出《とどけで》をすることが必要です。

◉民法・739条

婚姻は、戸籍法（昭和22年法律第224号）の定めるところにより届け出ることによって、その効力を生ずる。

2　前項の届出は、当事者双方及び成年の証人2人以上が署名した書面で、又はこれらの者が口頭で、しなければならない。

このように、民法にいう「婚姻」が成立するためには、民法739条が定める「**届出**」が必要です（いわゆる「**婚姻届**《こんいんとどけ》」です）。もし未成年者であれば、父母の同意があるかがチェックされます。ユッコとケンのように婚姻適齢にすら達していない者であれば、その届出は受理《じゅり》されません。この点も、次のように民法には規定があります。

◉民法・740条

婚姻の届出は、その婚姻が第731条から第737条まで及び前条第2項の規定その他の法令の規定に違反しないことを認めた後でなければ、受理することができない。

次のポイントは、こちらです。

ポイント②　重婚《じゅうこん》の禁止

「そんなドロドロカップルじゃなくて、ジュリには旦那さんは一人。ママはそれが一番だと思うわ。よほどのことでもない限り。それにジュリには、もう少し家にいてほしいわ。せっかく、あなたが一生懸命働いて、このマンション買ってくれたんだし」

（72頁）

一見、当たり前のことをいっているようにみえるジュリのママの発言ですが、「**ジュリには旦那さんは一人。**ママはそれが一番だと思うわ。**よほどのことでもない限り。**」というのがポイントです。

これは、一般的には結婚をする場合、ジュリの旦那さんが一人ではなく複数であることも（逆に奥さんが複数であることも）ありえることが前提になっていると考えられるからです。実際にも、「よほどのことでもない限り」「それ（一人と結婚すること）が一番」だというのですから、よほどのことがあれば、ジュリが二人の旦那さんと結婚することもありえるという意味がみてとれます。

そんなことはありえないと思われるかもしれません。しかし、そう思われるのは民法に規定があるからです。あくまで日本の民法がそのような規定をしているから、そうなっているということです（世界には、そうではない、一夫《いっぷ》多妻《たさい》のような結婚制度を採用している国もありますので）。具体的には、次の条文をみて下さい。

◉民法・732条

配偶者のある者は、重ねて婚姻をすることができない。

これを「**重婚《じゅうこん》の禁止**」といいます。

次のポイントです。

ポイント③ 不動産の登記《とうき》と所有権《しょゆうけん》

「こういうときは、どっちが高いお金で買ったかで決めるしかないな。おれは5500万円払った。この売買誓約書にもそう書いてある。しかも一括して入金したよう。でも、おたくは……、ふーん、2800万円じゃないか。じゃあ……おれの勝ちだ」

（79頁）

ジュリのパパは先に売主《うりぬし》（鷺須木《さぎすき》氏）から中古のマンションを2800万円で購入して入居《にゅうきょ》していたのですが、ある日、同じ売主（鷺須木氏）から5500万円で購入したから、部屋を明け渡せ（出ていけ）と主張する飛田《とびた》氏に遭遇《そうぐう》します。

飛田氏は、自分のほうがたしかに後から買ったけれど、代金は自分の払った額のほうが高いから自分が優先して所有権を取得している、と主張しているようです。

このように、同一の売主が複数の者に同じ不動産物件を売却することを「**不動産の二重譲渡《にじゅうじょうと》**」といいます。二重譲渡をすることは、刑法上は横領罪《おうりょうざい》にあたる可能性が高い犯罪行為ですが、民法では、どちらの買主《かいぬし》が優先してその不動産（マンション）の所有権を取得するかを決めることが重要になります。

この点について、民法は次のように規定しています。

◉民法・177条

不動産に関する物権の得喪及び変更は、不動産登記法（平成16年法律第123号）その他の登記に関する法律の定めるところに従いその登記をしなければ、第三者に対抗することができない。

「不動産に関する**物権《ぶっけん》**」とありますが、「物権」というのは「**物《もの》**」に対して、直接的かつ排他的《はいたてき》に支配をできる権利のことで、典型的な「物権」はここで問題になっている「**所有権**」です。「所有権」については、次のような民法の規定があります。

◉民法・206条

所有者は、法令の制限内において、自由にその所有物の使用、収益及び処分をする権利を有する。

所有権は、この民法206条にあるように、①**使用**、②**収益**、③**処分**を自由にできる権利です。たとえば、マンションの所有者であれば、自由に、①住んだり、②他人に賃貸《ちんたい》して賃料《ちんりょう》を得たり、③他人に売却《ばいきゃく》したりすることができます。

また、「**不動産**」は日常用語としても定着しているため、イメージしやすいと思いますが、これも民法に次のような規定があります（民法86条1項）。

◉民法・86条

土地及びその定着物は、不動産とする。

2　不動産以外の物は、すべて動産とする。

（3項は、略）

マンションは厳密《げんみつ》にいうと、その部屋ごとに「**区分《くぶん》所有権**」という個別の所有権が成立しうるものですが、いずれにしても「土地の定着物」ですので「不動産」です。「**動産**」はそれ以外の物ですので、たとえばパソコン、自動車、時計などが該当します。

民法177条の話に戻りましょう。「**不動産に関する物権の得喪**《とくそう》（取得と喪失）」、つまりマンションの所有権の取得は、「**登記**《とうき》」をしなければ「**第三者**《だいさんしゃ》**に対抗**《たいこう》**することができない**」ことになります（**公示**《こうじ》**の原則**《げんそく》）。「対抗」というのは「主張」と考えていただいて構いません。

そうすると、飛田が、「第三者」であるジュリのパパに、自分がそのマンションの所有権を取得したと主張するためには、「登記」をしなければいけないことになります。登記は「不動産登記」と呼ばれるもので、法務局でその不動産の所有者などの履歴等が登録されているものです。

したがって、「民法のある世界」であれば、登記をしていない飛田がジュリのパパにマンションの所有権を主張することはできなかったことになります。

もちろん、マンションを1年前に買ったジュリのパパは登記制度があれば、当然に飛田より先に登記を備えていたはずですから、そうであれば後から「おれが所有者だ」と主張する者が出てきても排除《はいじょ》できたことになります。

次のポイントは、こちらです。

ポイント④ 相続《そうぞく》と遺産分割《いさんぶんかつ》

「お金持ちなんてもんじゃない。大金持ちだ。大富豪《だいふごう》だ。わははは。おまえにも、たくさんイサンを残してやるからな」
「イサンって、なに？」
（85頁）

中学生のケンには、まだむずかしく感じられたようですが、「イサン」というのは、遺産のこと、つまり、人が亡くなった場合に残された財産のことです。

民法は人が亡くなった場合に「**相続**」が発生することを定め、遺産（民法では「**相続財産**」といいます）を相続人の間でどのように分けるべきか（これを「**遺産分割**」といいます）などを定めています。

この点は、「民法のない世界」でも同じようなルールになっているようですが、民法という法律の規制がないことを考えると、自由な遺産分けができる可能性もありそうです。

民法では、**相続人は基本的に平等である**という考えのもと、その立場（配偶者《はいぐうしゃ》であるか子であるかなど）で「**法定相続分**《ほうていそうぞくぶん》」を定めていますし、亡くなった人（「**被相続人**《ひそうぞくにん》」といいます）が「**遺言**《いごん》」を残した場合でも、相続人に最低限認められる権利（これを「**遺留分**《いりゅうぶん》」といいます）などを認めています。

民法は相続について細かく規定を置いていますが、ここではごく代表的な条文のみ挙げておきます。

◉民法・882条

相続は、死亡によって開始する。

◉民法・890条

被相続人の配偶者は、常に相続人となる。（後段は、略）

◉民法・900条
同順位の相続人が数人あるときは、その相続分は、次の各号の定めるところによる。（各号は、略）

◉民法・906条
遺産の分割は、遺産に属する物又は権利の種類及び性質、各相続人の年齢、職業、心身の状態及び生活の状況その他一切の事情を考慮してこれをする。

◉民法・960条
遺言は、この法律の定める方式に従わなければ、することができない。

◉民法・1028条（改正法施行後は、1042条）
兄弟姉妹以外の相続人は、遺留分として、次の各号に掲げる区分に応じてそれぞれ当該各号に定める割合に相当する額を受ける。
（各号は、略）

民法の最後のポイントは、次の点です。

ポイント⑤ 消費貸借契約《しょうひたいしゃくけいやく》

「なんだ、みてたのか。気にするな。こうやって金を稼《かせ》いできたんだ。これが父さんのやり方だよ。わははは。おまえのように心がやさしいヤツには、できんだろうな。しかし、『貸した金は返しなさい』という決まりなどない。向こうは高い利息《りそく》で稼いでいる。人の道徳心《どうとくしん》につけ込んだ悪徳商法《あくとくしょうほう》だな。こちらは、それを逆に利用してやっているだけだ」

富野ゲンゾウの理屈《りくつ》は、男の子にはむずかしかった。（88頁）

富野ゲンゾウは大富豪ですが、お金持ちになったのは、人から借りたお金を返さなかったからだと豪語しています。息子のケンは不安に思っているようですが、「民法のある世界」

ではもちろん返済する義務が生じます。民法では、人と人が約束をすることを「**契約**《けいやく》」といいますが、お金を貸す契約については「**消費貸借契約**《しょうひたいしゃくけいやく》」という名前をつけ、お金を借りた人が貸した人に、同額の金銭を返還《へんかん》すべき義務を定めています。払わない場合、確定判決などを得れば、マンションの競売《けいばい》などの「**強制執行**《きょうせいしっこう》」をして、回収できます。

◉民法・587条

消費貸借は、当事者の一方が種類、品質及び数量の同じ物をもって返還することを約して相手方から金銭その他の物を受け取ることによって、その効力を生ずる。

民法は1044条もあり、膨大《ぼうだい》なボリュームのある法律です（2018年の相続法改正がすべて施行されると、1050条に増えます）。

しかし、その1つひとつをみると、基本的には常識的なこと（わたしたちが当たり前だと思っていること）が書かれているものが多いです。

もちろん、そうではない条文もあります。時代の要請に合致《がっち》しなくなり、改正がなされるものもあります。また、最高裁判所に憲法に違反すると判断されて、削除や修正がなされたものもあります。

第3話

もしも刑法がなかったら

刑法のない世界の物語

「刑法」がなかったら、どのような世界になってしまうのでしょうか。

ジュリは**「刑法のない世界」**に飛ばされます。

そこには、意見をいっただけで犯罪者にされた作家、痴漢《ちかん》の被害にあって手をはたいただけなのに逮捕された女子高生、犯罪者の娘・友達だからという理由で犯罪者にされた女子中学生、人を何回殺しても罰金《ばっきん》ですむ男……など、「刑法のある世界」では考えられない人々が登場します。

シーン① 留置場《りゅうちじょう》の会話

「新入りくん。おまえはなにをしたんや?」

頭を金色に染《そ》めたキンパツの男が、下を向いて縮こまっている男にいった。

「おれはよう、だまされたんだよう」

新入りくんと呼ばれた男が答えた。

「なんや、被害者なのにタイホされたんか?」

キンパツがいった。

「そうだよう。マンション、買ってよう、そこに住もうと思っただけなのによう。監禁《かんきん》だよう」

ヘンな日本語を使う新入りが答えた。

「なんや監禁って? マンションを買おうと思って監禁されてタイホって、意味わからへんわ、アホか」

キンパツが突っ込んだ。

「そういや、そちらのオッサン、どこかでみたことあるよう」

新入りが、牢屋《ろうや》（留置場）の隅《すみ》で正座をしていた年配《ねんぱい》の男を指差した。

「オッサンではない。わたしは作家である」

正座をした年配の男が答えた。

「ああ、わかったよう。あの変態《ヘンタイ》小説とか書いてる先生だよう」

新入りは嬉しそうに目を輝かせた。

「いいよなあ。姉ちゃんが足を組む、あのシーンとかよう。そそるよう、あれ。今度は縄のシーンも書いてくれよう」

「縄のシーンってなんや。ほんまにアホやないか」

「縄のシーンを書いたら検閲《けんえつ》されちゃうかもしれないけどよう」

「検閲は、あってはならないのである」

「いいねえ。そういや、1年くらい前にニュースに出てたの、みたよう。先生まだケイサツにいたのかよう」

「ニュースくらい、みんな出るわ。ここに入れられるヤツはな」

「でも、変わったニュースだったよう」

「どうせ殺しか、クスリか、ものとりか、ヘンタイのどれかやろ」

「違うんだよう。この人は作家の先生なんだよう。正義の味方《みかた》なんだよう」

「それで監禁か。アンタらアホすぎるわ」

「わたしの作品はヘンタイ小説ではない。人間の欲望を書いているだけである」

「いや、アンタの作品がヘンタイだなんていってへんわ。一般論や。タイホされてケイサツのオリのなかに入れられるヤツは、だいたい、そのどれかだってことや」

「だから、この人は先生なんだよう。いい小説書く人なんだよう」

「本能に忠実な人こそ魅力がある、と考えているだけである」

「まあ、まあ先生。そんな興奮してもあかんで。ここはブタ箱やから。それにしても先生は長いよな。いつ出れるんやろ。そもそも先生はなんでタイホされたんや。いままで聞いてなかったけど。先生やちゅうことも知らへんかったし」

「わたしは引越しするのに許可はいらないと申したまでである」

「そうか。それはアカンな。そうとう重いやろね。そんなこといっちまったんやとしたら、1号犯《いちごうはん》かもしれない」

「1号犯……。それでよう。おたくはなにしたんだよう」

「わしか。殺しや。殺し。アンタのようなヘンタイ系じゃない」

「ひぃ〜。こ、殺しって？　熊殺《くまごろ》しとかかよお」

「熊なんか殺してもタイホはされへんやろ。殺しといえば、1つや」

「蚊《か》なら夏に手ではたいたことはあるけどよう。あとアリも踏んじまったことがあるよう。それ以外に殺しなんて考えられねえよう」

「じつは、3回目や」

「ひぃ～。さ、3回目というのは……そ、その、ブタ箱が、ということでしょうか？ それともよう……」

新入りは突然、おかしな日本語に敬語を織り交ぜた。

「殺しが3回や」

「ひぃ～。か、勘弁《かんべん》して下さい。マンション買っただけなんだよう。ちょっと監禁したくらいだよう。悪かったよう。あやまるよう」

「おい、アンタの罪は裁判官が決めることや。罪のルールもないわけだし、わしは知らん。2号犯なのか、3号犯なのか。わしがアンタを裁いてどうする？」

「じゃあ、殺さないでくれるのかよう」

「めんどくさいヤツやな。わからへんで。キレたらヤる（殺す）かもわからへん」

「ひぃ～。縄だけはダメだよう。お願いしますよう。どうか勘弁して下さい。たすけて下さいよう」

「なんや、ほんと意味わからんヤツやな」

シーン② 痴漢《ちかん》にあって手をはたいたら暴行犯?

「キリコじゃん。元気? 最近、学校来てなかったけど、どうしたの?」

セーラー服を着た女子高生がいった。

「それがさあ……」

キリコと呼ばれた女子高生が、質問をした女子高生の耳に口をあてた。

「えー!」

「しーしっ。声大きいって」

「えー!! 電車のなかで痴漢にあって、その男の手をはたいたら、ボウコウ炎になったの?」

「ちょっと。だから、声が大きいって。ちがうよ。ボウコウ炎じゃなくて、ボウコウ犯《はん》。わたしが暴力ふるったってことで、なぜかタイホされたの。信じられる?」

キリコと呼ばれた女子高生が、だれにも聞こえる大きな声でいった。


恐《おそ》ろしい世界ね……。

ジュリは、通りすがりの女子高生の会話を聞いて、この「法律のない世界」の恐ろしさを改めて実感した。

と、そのとき、ファストフード店の窓ガラス越しに、ジュリはなじみのある女子中学生をみつけた。

「あれ？　ユッコだ」

ジュリの親友のユッコが男の人と真剣な表情で話をしている。だれだろう？

男は、グレーのスーツを着ている。40代から50代のビジネスマンふうだ。黒縁《くろぶち》のメガネをかけて、ベレー帽《ぼう》をかぶっている。

なんで、ユッコがあんなオジサンと二人で話をしているの？

えっ？　ま、まさか……パパ活《かつ》？？

やだ。まさか。

ケンくんがいるというのに、……そんなわけないよね。

ジュリは気づかれないように、ユッコの席の近くに座った。話し声が聞こえてくる。

「どうしたらいいんですか。いつになったら終わるんですか？」

ユッコがいった。

「たしかに長いですよね」

ベレー帽のオジサンが答えた。

「長すぎます。生きているんでしょうか？」

「信じましょう」

なんの会話なのか、さっぱりわからない。

でも、ベレー帽のオジサンとユッコはヘンな仲ではなさそうだ。

「もう1年以上ですよ。信じられなくなってきます」

「あきらめないことです」

ベレー帽のオジサンは、両手をグーにした。

なんだか熱そうな人だ。なんに熱いのかわからないけど。

悪い人ではなさそうね。

「まだ……、信じていいのですか。かなりの時間がたちましたけど」

「信じましょう」

「あのニュースを聞いてから、もう何年もたったように感じます」

「わかります。長いですよね。1年以上も入れられているなんて異例《いれい》です。断固《だんこ》戦いましょう」

「先生、ありがとうございます」

ん？　先生？　1年以上入れられている？　あのニュース？

あっ、もしかして、ユッコのパパのこと？

とすると、あっ。そうか、あの男の人はビジネスマンじゃなくて、弁護士さんかも。

ってことはユッコパパ、まだタイホされたままだったんだ。

ふう……、ありえないって。でも、いつの間に1年？　なんか早い。

シーン③　犯罪者の娘も犯罪者？

「お嬢ちゃん、ちょっといいかい」

そこに赤い髪をした男がやってきた。

ブルーのデニムに赤のネルシャツを着ている。みた目は20代前半くらいだ。

「なんですか？」

ユッコは警戒《けいかい》した目をした。

「突然だが、おまえをタイホする」

赤い髪をした男は「タイホ」といった。

「えっ？　えっ？　わたしが？　タイホ？……なんでですか？」

「タイホの理由はなんでしょうか？」

ベレー帽の男がいった。頼りになる！

やっぱり、弁護士の先生なんだ。

「ムカツクからに決まっているだろう。こいつの父親は犯罪者だ。だから、娘も犯罪者だ。同じ血が流れているからな。ショまで来たまえ」

ありえないわ。

ユッコパパのタイホもおかしかったけど、娘だからというのは、絶対おかしいって。

意味わかんない。

「なにをいっているんだね。そんな理由でタイホはできないぞ」

「あん。なんだよ。おたくは。エンコウオヤジか」

「わたしは彼女のお父さんの弁護士だ」

「けっ。なにが弁護士だ。なわけねえだろ。このスケベオヤジが」

「名刺をみたまえ。ここに身分証明書もある」

「うるせえ。だからなんだってんだ。とにかくタイホする。どけ。邪魔だ。どきな」

弁護士を名乗るベレー帽の男は食《く》い下《さ》がった。

「タイホはできないだろう。理由がない」

「理由はある。どけって。これ以上、止めるようなら、おまえもタイホするぞ。国に逆らったヤツは1号犯だ。1号犯の意味はわかるな？　死刑もある」


ダメだ。ユッコをたすけなきゃ！

ジュリはユッコのもとにかけつけた。

「ちょ、ちょっと待って下さい」

「あれ？　ジュリ？　どうして？」

「いやちょっと。通りかかって。……とにかく、いくらなんでもヒドすぎです。ユッコは犯罪者じゃありませんから」

「だれだね、キミは」

赤い髪をしたケイサツはいった。

「ユッコの親友です」

「親友か」

「そうです」

「うむ」

なにがうむよ。赤い髪でチャラチャラしてるくせに、ケイサツぶって。

「じゃあ、おまえもだ」

「えっ?」

「類は友を呼ぶ、というだろう」

「ルイはトモを呼ぶ?」

えっ、なに。どういうこと?


「おまえもタイホする」

えっ? たすけたわたしまでタイホ? いや……たすけて!


「犯罪者の友達も犯罪者だということだ。いま自白《じはく》しただろ」

「ジハクなんて、してないです」

「おまえは『いま親友です』といったよな」

「いいましたよ」

「それが自白だ。録音してある」

「いやあーーーたすけてー」

「こんなこと、おかしいです」

ベレー帽の弁護士が止めにかかったが、赤い髪のケイサツは聞かなかった。ジュリとユッコは、縄でぐるぐると縛られ、パトカーの後部座席に詰《つ》め込《こ》まれた。また縄だ……。もう、ほんと、いや。

パトカーが急発進した。

「それにしても、あのキンパツの男は3回目の殺しだそうですよ」

運転をしている青い髪をしたケイサツがいった。

「そんなにやってるのか」

赤い髪をしたケイサツが大きな声を出した。

「ええ。なんせ、1回目は罰金《ばっきん》500万円。2回目は罰金800万円だったそうですからね。金があるヤツはやりたい放題ですよ」

青い髪をしたケイサツは、パトカーのスピードを上げたかと思うと、いきなりハンドルをきって急カーブさせたりした。

「人殺しをせっかくタイホしても、金で解決か。まったく、ヒドい世の中だ」

急カーブに慣れているのか、赤い髪をしたケイサツは平然《へいぜん》といった。

シーン④ 自分の意見を発表するだけで犯罪？

「おまえらも当分はここで生活だ。さあ、入れ」

青い髪をしたケイサツが偉《えら》そうにいった。

目の前にはオリがある。警察署《けいさつしょ》の建物のなかで、まわりには窓が1つもない。

ジュリとユッコは、エレベーターに乗せられて5階でおろされた。

だから、地下ではないはずだ。

しかし、地下に閉じ込められているかのように、室内は薄暗い。

どんよりとした重い空気が流れている。

「なんで牢屋《ろうや》に入れられないといけないんですか。ケイムショは、ハンザイシャが入るところじゃないんですか？」

ユッコが強い口調《くちょう》でいった。

「ここはケイムショではない。タイホした人を取り調べるために入れておく、リュウチジョウだ」

青い髪をしたケイサツが淡々《たんたん》と答えた。

ケイムショ？　リュウチジョウ？

違いがよくわからないんだけど。

でも、どうみてもここは悪いことをした人が入る場所でしょっ。

ケイサツショだもんね、ここ。わたしたち、タイホされたんだし……。

でも、ほんとに悪いことをした場合でも、中学生は大人と同じようにはタイホとかはなかったんじゃなかったっけ？

たしか、少年法とか？

よくわからないけど、おかしいよ、なんか……。

「わたしたち、中学生ですよ。こんなヒドいことをしていいんですか？」

ジュリは勇気をふりしぼっていった。

「中学生だからなんだというんだ。犯罪者はみんなタイホされて、ここで暮らすんだ。こいつらのようにね」

青い髪をしたケイサツがいった。

ん？　こいつら？

だれかいるの？　ジュリはその暗いオリのなかに人がいるのをみつけた。

奥のほうに座ってだまっているので、人がいるのにも気づかなかった。

暗くてよく顔はみえないが、白髪《しらが》まじりのヒゲが顔じゅうに生《は》えていた。

えっ？　このオリのなかって、女子だけじゃないの？

あんなヒゲぼうぼうのオジサンと一緒？　うわあ。

ここにいるってことは、ハンザイシャだよね……。

いや、怖い、怖すぎる。


「あれ、お父さん？」

「えっ？」

「お父さん、お父さんじゃない！」

よくみると、ヒゲをぼうぼうに生やした男はユッコパパだった。

「ユッコか？」

ヒゲぼうぼうのユッコパパがいった。

「よかった。生きてて」

ユッコの目をみると涙でうるんでいる。

「元気だったか。久方《ひさかた》ぶりである」

「なに他人事《ひとごと》みたいなこといっているのよ。逮捕されてもう1年以上たつのよ。その間、ずっと心配してたのに。弁護士の三百《さんびゃく》先生にケイサツとの交渉をお願いしたり。それでもなかなかうまくいかなくて。ほんとに心配してたんだから……」

そういうとユッコは、ひざを冷《つめ》たいリノリウムの床につけて、泣き崩れた。

「大丈夫である。大事なことは、それがほんとうに正しいことなのかを考えることである」

ユッコパパは、ヒゲがぼうぼうになっていたが、話をすると1年前とまったく変わっていない。あいかわらずマイペースだ（それにしても1年って、早いな）。

1年ぶりの娘との再会だというのに、感情の動きが感じられない。

ユッコパパ、さすが作家先生だわ。大物すぎる。

なんて、鈍感なだけかもしれないけど。でも、こういうときはやっぱり頼もしい！

よかった。オリのなかにいた人がユッコパパで。

と、気持ちが落ち着いてきたジュリは、そのとき、オリの奥に、まだほかに人がいるのをみつけた。

えっ？　ユッコパパだけじゃないの？

うわっ。まだ二人もいた。

しかも……二人とも、オジサンだ。

「そうだ。紹介しよう。ユッコにジュリちゃん。あそこにいる頭が金色に染まっている人はキンパツさんだ」

キンパツさん……って、みたとおりじゃない。

「それから、向こうの隅っこで縮こまっているのが、トビタさんだ」

トビタ？　えっ？

「わたしは1年以上ここにいるが、キンパツさんは1週間くらい前にここに来た。トビタさんは昨日来たばかりである」

「トビタって……」

「あっ……」

トビタと紹介された縮こまった男は、驚いた顔をした。

やっぱり！　あのトビタだ。なんてこと……。さいあくっ！

「パパ、この人はヒドい人よ。わたしたちをカンキンしたの！」

ユッコもトビタに気づいたようだ。

「うちに来て、わたし……この人に縄で縛られました」

ジュリも続いていった。

「なんだ、キミは。うちの娘と娘の友達を監禁したのであるか？」

「い、いや……そ、その」

「うちのパパとママにもヒドいことをしました」

ジュリは目をつりあがらせた。

「そ、そ、そうだったかよう」

あんなヒドいことをしておいて、牢屋《ろうや》に入れられても、ぜんぜん反省してない。なんてヤツ！

「貴様《きさま》は犯罪者である」

「せ、先生だって犯罪者じゃないかよう」

「わたしは意見を申し上げただけである。それを犯罪とするのはおかしいことである。しかし、キミの行為は明らかに人の道に反するものである」


ケンカが始まりそうになったのをみかねて、キンパツが割って入った。

「おいおい、先生にカンキン野郎。こんなところでモメていても、仕方ないやろ。いまはうちわでモメてる場合やないで。これだけの人数がそろったんや。一致団結《いっちだんけつ》しようやないか」

団結？

こんなおかしな人たちと、なにを団結するっていうのよ？

ああ、頭がおかしくなりそう……。よくわからないうちに、1年たってるし。

「ダンケツって、なんですか？」

ユッコが聞いた。

「脱出や」

「ダッシュツ？」

「そうや。ここから脱出するために団結するんや」

ざっくりわかる刑法のお話

いかがじゃったろうか?

「刑法」は、「**犯罪**《はんざい》」と「**刑罰**《けいばつ》」を定めた法律なんじゃ。

犯罪というのは、殺人罪とか監禁罪とか、そういうものじゃ。「罪《つみ》」のことじゃね。
刑罰というのは、犯罪を犯《おか》したときに、どれくらいの刑《けい》に処《しょ》せられるかのことじゃ。
死刑なのか、3年以上の懲役《ちょうえき》なのか、罰金なのか。そういうやつじゃ。

犯罪と刑罰をあらかじめ法律で定めておく。これが刑法じゃ。

しかし、「刑法のない世界」はたいへんじゃったのお。

なぜじゃろう?

なにが犯罪で、どんな刑罰なのか、なにも決まってないからじゃよ。

ルールがなく、裁判官が決めるようじゃ。

こういうのを「恣意《しい》」というんじゃ。「しい」じゃ、「しい」。

つまり、勝手きままに、逮捕したいヤツを逮捕して、犯罪者に仕立て上げる。

そして、犯罪をした者でも、刑罰が法律で決まってないから、適当に罰金でええとかになるんじゃよ。

人を殺してるのにじゃ。

人を殺したのが「キンパツ」だったから、刑罰を決める人間も怖かったんじゃろうね。

逆に、大したことをしていないのに、気にくわないと思われたら「1号犯」とされて処刑されることもあるようじゃ。恐ろしい話じゃろう。

ユッコパパは権力に盾《たて》ついたから、たいへんかもしれんのう。

となると、ジュリもあぶないかもしれん。

こういう「刑法のない世界」をみると、**刑法の機能**がわかるじゃろう。
刑法には2つの機能があるんじゃよ。

1つは、「**法益保護**《ほうえきほご》」機能。ホウエキホゴじゃ。

ある行為を犯罪とすることで、なにかの利益を守るんじゃ。

殺人罪を犯罪にするのは、**人の命**を守る。監禁罪を犯罪にするのは、**人の自由**（行動の自由）を守る。窃盗罪《せっとうざい》は、**人の財産**を守る。これが、法益保護機能じゃよ。

もう1つが、「**自由保障**」機能じゃ。あらかじめ法律で「犯罪ですよ」と定めていない行為は、「犯罪にならない」とすることで、人の自由を守るんじゃよ。

お上《かみ》が、恣意的に、「気にくわない意見をいったから犯罪だ！」ということができないように、自由を守るんじゃ。

おさらいをしよう。

刑法には、2つの機能がある。法益保護機能と自由保障機能じゃ。

覚えておくのじゃよ。……それにしても、ジュリは……1年もあちらの世界じゃな。

刑法の条文に慣れるための解説

刑法は「**犯罪と刑罰**」を定めた法律です。

人を殺したら逮捕されて処罰されることは、だれでも知っていると思います。

それは「**殺人罪**」という「犯罪」を定めた法律があり、殺人罪を犯した人の「刑罰」が法律に定められているからです（あとで説明しますが、いずれも刑法１９９条に定められています）。

このような刑法ですが、現行の刑法と、ジュリが体験した「刑法のない世界」とはどこが違うのでしょうか。また、現行の刑法にはどのような規定があるのでしょうか。物語のシーンと条文に沿って、解説したいと思います。

まずは、このシーンからです。

ポイント① 迷惑《めいわく》防止《ぼうし》条例《じょうれい》違反《いはん》と正当《せいとう》防衛《ぼうえい》

「ちょっと。だから、声が大きいって。ちがうよ。ボウコウ炎じゃなくて、ボウコウ犯《はん》。わたしが暴力ふるったってことで、なぜかタイホされたの。信じられる？」

（130頁）

キリコと呼ばれた女子高生が、だれにも聞こえる声でいったシーンです。

「ボウコウ炎じゃなくて、ボウコウ犯」とあり、暴行罪らしき犯罪名《はんざいめい》が出ていますが、この会話の前には次のような話がありました。

「えー!!　電車のなかで痴漢にあって、その男の手をはたいたら、ボウコウ炎になったの？」

（130頁）

つまり、女子高生のキリコは、電車のなかで痴漢の被害にあった被害者だったのです。

いまの「刑法のある世界」であれば、痴漢をした人は、刑法の**強制《きょうせい》わいせつ罪**に問われる可能性がありますし、少なくとも、各都道府県が定めている**迷惑防止条例**に違反することになります（迷惑防止条例が定める規定に違反することも「犯罪」です）。

◉刑法・176条

13歳以上の者に対し、暴行又は脅迫を用いてわいせつな行為をした者は、6月以上10年以下の懲役に処する。13歳未満の者に対し、わいせつな行為をした者も、同様とする。

◉公衆に著しく迷惑をかける暴力的不良行為等の防止に関する条例〔東京都〕・5条

何人も、正当な理由なく、人を著しく羞恥させ、又は人に不安を覚えさせるような行為であって、次に掲げるものをしてはならない。

一　公共の場所又は公共の乗物において、衣服その他の身に着ける物の上から又は直接に人の身体に触れること。

（2号以下は、略）

◉同条例・8条

次の各号のいずれかに該当する者は、6月以下の懲役又は50万円以下の罰金に処する。

（1号は、略）

二　**第5条第1項又は第2項の規定に違反した者**（次項に該当する者を除く。）

他方で、女子高生のキリコが痴漢をした人の手をはたく行為は、刑法208条が定める「**暴行罪**」にあたる可能性があります（物語では「暴行犯」とありますが）。

◉刑法・208条

暴行を加えた者が人を傷害するに至らなかったときは、2年以下の懲役若しくは30万円以下の罰金又は拘留若しくは科料に処する。

といっても、キリコが手をはたいたのは、痴漢という犯罪行為を止めるために行ったものですから、「急迫《きゅうはく》不《ふ》正《せい》の侵害」に対して「自己を……防衛するため」の行為として「**正**《せい》**当防衛**《とうぼうえい》」が成立し、罰《ばっ》せられません。また、手をはたく程度であれば「**過剰防衛**《かじょうぼうえい》」（刑法36条2項）にもあたりません。

◉刑法・36条
急迫不正の侵害に対して、自己又は他人の権利を防衛するため、やむを得ずにした行為は、罰しない。
2　防衛の程度を超えた行為は、情状により、その刑を減軽し、又は免除することができる。

したがって、キリコが暴行罪で逮捕されるというのは「刑法のある世界」では、まず、ありえないことだといえます。

次のポイントに移りましょう。

ポイント②　共同正犯《きょうどうせいはん》、教唆犯《きょうさはん》、幇助犯《ほうじょはん》

「ムカツクからに決まっているだろう。こいつの父親は犯罪者だ。だから、娘も犯罪者だ。同じ血が流れているからな。ショまで来たまえ」（135頁）
「犯罪者の友達も犯罪者だということだ。いま自白《じはく》しただろ」（137頁）

赤い髪をした警察官の言葉です。

「親が犯罪者だから娘も犯罪者だ」「友達が犯罪者だからおまえも犯罪者だ」といっています。こんなことがまかり通ってしまったら、わたしたちは平穏《へいおん》な生活はできなくなりますよね。なにもしていないのに、だれかが犯罪行為をした場合に、その人のせいで自分まで犯罪者とみなされる危険が出てくるからです。また、国家の恣意で逮捕されることは、**「適正手続《てきせいてつづき》の保障《ほしょう》」**（憲法31条）にも反するでしょう（185頁参照）。

他人の犯罪行為について責任を問われる（自分も犯罪行為をしたとみなされる）ことは、いまの「刑法のある世界」ではありません。

もっとも、他人と共同して犯罪行為を行った場合（**共同正犯《きょうどうせいはん》**）、自分は直接の犯罪行為をしていなくても、他人を唆《そその》かして犯罪行為をさせた場合（**教唆犯《きょうさはん》**）、他人の犯罪行為をたすけた場合（**幇助犯《ほうじょはん》**。**従犯《じゅうはん》**とも呼ばれます）などは、犯罪になるという規定があります。

◉刑法・60条

2人以上共同して犯罪を実行した者は、すべて正犯とする。

◉刑法・61条

人を教唆して犯罪を実行させた者には、正犯の刑を科する。

2　教唆者を教唆した者についても、前項と同様とする。

◉刑法・62条

正犯を幇助した者は、従犯とする。

2　従犯を教唆した者には、従犯の刑を科する。

続いてのポイントはこちらです。

ポイント③　犯罪成立要件と法定刑

「ええ。なんせ、1回目は罰金《ばっきん》500万円。2回目は罰金800万円だったそうですからね。金があるヤツはやりたい放題ですよ」

青い髪をしたケイサツは、パトカーのスピードを上げたかと思うと、いきなりハン

ドルをきって急カーブさせたりした。
「人殺しをせっかくタイホしても、金で解決か。まったく、ヒドい世の中だ」
急カーブに慣れているのか、赤い髪をしたケイサツは平然《へいぜん》といった。（139頁）

青い髪をした警察官が、赤い髪をした警察官にいった言葉です。この殺人犯はあとのシーンをみると、金髪の男（殺人犯）のことを指しているようです。

人を殺したのに罰金で許されるなんて、聞いたことがないのではないでしょうか。

それは、いまの刑法が**「殺人罪」の刑罰に「罰金刑」を入れていない**からです。

◉刑法・199条
人を殺した者は、死刑又は無期若しくは5年以上の懲役に処する。

殺人罪の場合、法律が定めている刑罰（これを「**法定刑**《ほうていけい》」といいます）は、①死刑、②無期懲役《むきちょうえき》、③5年以上の懲役のみで、罰金刑はありません。当たり前じゃないかと思われるかもしれませんが、結果だけをみると「人を殺した」と思われるような行為でも、「殺人罪」にはあたらず、ほかの軽い犯罪にあたることはあります。

それは「殺人罪」が成立するためには、人を死亡させることについて「**故意**《こい》」（自分の行為によって人が死亡することを認識しているか、あるいは死亡しても構わないと思っている場合（後者は「**未必**《みひつ》**の故意**」といいます））が必要だからです。

◉刑法・38条

罪を犯す意思がない行為は、罰しない。ただし、法律に特別の規定がある場合は、この限りでない。

（2項以下は、略）

人が死亡する行為を行ったとしても、殺人罪にあたらない場合としては、暴行や傷害《しょうがい》の故意はあっても死亡の結果については故意がなかった場合の「**傷害致死**《しょうがいちし》**罪**」（刑法205条）、暴行、傷害および死亡の結果について故意がない場合の「**過失**《かしつ》**致死罪**」（同法210条）、業務上の過失行為によって人を死亡させた場合の「**業務上過失**《ぎょうむじょうかしつ》**致死罪**」（同法211条前段（※））、重い過失により人を死亡させた場合の「**重過失**《じゅうかしつ》**致死罪**」（同法211条後段（※））、自動車を運転していた人が事故を起こした場合の「**過失運転**《かしつうんてん》**致死罪**」（自動車の運転により人を死傷させる行為等の処罰に関する法律（略称は「**自動車運転死傷行為処罰**《じどうしゃうんてんししょうこういしょばつ》

法《ほう》」〕5条）などがあります。

※……1つの条文のなかに2つの文章（内容）がある場合、前半の部分を「前段《ぜんだん》」、後半の部分を「後段《こうだん》」といいます。

このように罪名《ざいめい》が変わるのは、犯罪が成立するためには、その犯罪を構成する要件（**構成要件《こうせいようけん》**）を満たすことが必要だからです。そして、そのためには構成要件に該当する**実行《じっこう》行為《こうい》**があり、生じた**結果**との間に**因果関係《いんがかんけい》**があり、過失犯でない限りその事実の認《にん》容《よう》（**故意**）が必要になるからです。

なお、強盗《ごうとう》が人を殺した場合の「**強盗殺人罪**」（刑法240条後段）などもありますが、これは当然ながら殺人罪よりも罪が重くなります。

> **◉刑法・205条**
>
> 身体を傷害し、よって人を死亡させた者は、3年以上の有期懲役に処する。

> **◉刑法・210条**
>
> 過失により人を死亡させた者は、50万円以下の罰金に処する。

◉刑法・211条

業務上必要な注意を怠り、よって人を死傷させた者は、5年以下の懲役若しくは禁錮又は100万円以下の罰金に処する。重大な過失により人を死傷させた者も、同様とする。

◉自動車の運転により人を死傷させる行為等の処罰に関する法律・5条

自動車の運転上必要な注意を怠り、よって人を死傷させた者は、7年以下の懲役若しくは禁錮又は100万円以下の罰金に処する。ただし、その傷害が軽いときは、情状により、その刑を免除することができる。

◉刑法・240条

強盗が、人を負傷させたときは無期又は6年以上の懲役に処し、死亡させたときは死刑又は無期懲役に処する。

このように、人を死亡させた場合の犯罪は、じつに多くの罪名《ざいめい》が用意されています（ほかにも、危険運転致死罪、保護責任者遺棄《いき》致死罪、監禁致死罪などがあります）。最終的には、裁判で検察官により犯罪事実の立証《りっしょう》ができた（と裁判所が判断した）罪名で確定することになります。

人を死亡させたのに罰金ですむわけがない、と思われた方もいるかもしれません。しかし、実際に人を死亡させた場合でも、罰金刑の場合はあるのです（過失致死罪、業務上過失致死罪、重過失致死罪、過失運転致死罪）。

もっとも、これらはいずれも「**過失**《かしつ》」、つまり不注意によって人を死亡させた場合です。一方、故意の犯罪行為によって人を死亡させた場合には、殺人罪、傷害致死罪、強盗殺人罪などに該当し、重い刑罰が待っています。

金髪の男は「人殺し」をしたということですから、殺人罪の可能性が高いですし、少なくとも傷害致死罪にはなるはずです。それにもかかわらず、罰金刑で（しかも2回とも）すんでいるというのは、いまの「刑法のある世界」ではありえないことです。

刑法の最後のポイントは次のとおりです。

ポイント④ 憲法と刑法の関係

「わたしは意見を申し上げただけである。それを犯罪とするのはおかしいことである。しかし、キミの行為は明らかに人の道に反するものである」（１４５頁）

ユッコのお父さん（作家の伊鵜田氏）の発言ですが、これはもうわかりますね。

憲法のところで説明したように、意見を発表するのは「表現の自由」（憲法21条1項）で保障された自由です。

憲法で「表現の自由」が保障されている以上、自分の意見を発表したこと自体が犯罪になることは、その内容が名誉毀損《めいよきそん》などに該当しない限り、いまの「刑法」ではありません。

なお、刑法は２０１７年（平成29年）に性犯罪《せいはんざい》の改正がありました。罪名や構成要件、法定刑が変更された強制性交等罪《きょうせいせいこうとうざい》（刑法１７７条）などについて、被害者《ひがいしゃ》等の告訴《こくそ》がなくても起訴《きそ》できるようになりました。

第4話

もしも刑事訴訟法がなかったら

刑事訴訟法のない世界の物語

「刑事訴訟法」がなかったら、どのような世界になってしまうのでしょうか。

ジュリは**「刑事訴訟法のない世界」**に連れて行かれます。

そこには、1年以上も警察署に拘束されて取調べを受けている被疑者《ひぎしゃ》、被疑者との面会を警察官に拒絶されてしまう弁護士、ほんとうはやっていないのに「わたしがやりました」といっただけで有罪《ゆうざい》にされてしまった被告人《ひこくにん》の妻、「どうせ、またやるだろう」という直感で決めた判決に不服《ふふく》をいわせない裁判官……など、「刑事訴訟法のある世界」では考えられない人々が登場します。

シーン①　面会謝絶《めんかいしゃぜつ》

「お引き取り下さい。三百代言《さんびゃくだいげん》さん」

黒い髪をしたケイサツがいった。

「もう1年以上になりますよ。いくらなんでも長すぎやしませんか」

三百代言と呼ばれた男がいった。

男は黒縁《くろぶち》のメガネをかけて、グレーのスーツにベレー帽《ぼう》をかぶっている。

「そりゃあ、悪いことしたからでしょう。悪いことをするから、こうなるんです」

「彼が悪いことをしたとしても、ケイサツがなにをやっても許されるわけではないでしょ。タイホされた人間がいつまでたっても裁判してもらえない。問題ではありませんか」

「なんの問題があるのですか」

黒い髪をしたケイサツは冷《つめ》たくいった。

「1年以上もケイサツで取り調べている。いくらなんでも長すぎます。ふつうは取調《とりしら》べを終えて、1カ月もすれば裁判が始まりますよね。なぜ、それができないのですか？」

三百代言は詰《つ》め寄《よ》った。

「わかりませんね」

「あと、彼のお嬢さんやその友達は中学生ですよ。こんなに長くケイサツに入れておいていいのですか」

「お気の毒です」

「だったら釈放《しゃくほう》してあげて下さいよ」

三百代言はさらに詰め寄った。

「それはできません」

「なにもしてない中学生の女の子を留置場《りゅうちじょう》に入れるなんて、おかしいと思わないのですか。とにかく面会だけでもさせて下さい」

三百代言は食い下がった。

「面会なんてできません」

「わたしは弁護士です」

三百代言は職業を告げた。

「わかりました。でも、お引き取り下さい」

「面会もできないなんて、おかしいです」

三百代言はさらに食い下がった。

「三百《サンビャク》さん。いいですか。この事件はそのへんの万引《まんび》きとか痴漢《ちかん》とかじゃないんですよ。よくある犯罪とは性質が違います」

「なにもしていないでしょう」

「いや違う。十分にしていますよ。今回のハンザイは、国家を脅《おびや》かすハンザイです。内《ない》乱《らん》に近いんです。1号かもしれないいんです」

「なにが内乱だ。どこが内乱なんだ！　とにかく面会だけでもさせて下さい」

「無理です」

「おい。おかしいと思わないのか！　それでも公務員か。警察官か」

「ですから、面会は謝絶《しゃぜつ》なんです。三百さん、冷静になりなさい。あなた、弁護士さんなんでしょう。お金をたんまりもらって事件を食いつくす。それが、あなたのお仕事でしょう」

「わたしはおかしいから、おかしいといっているだけです。お金は関係ない」

「わかりました。そう熱くならないで下さい。怒《ど》鳴《な》るのが仕事なんですか？　三百さん。あなたらしくない。とにかく面会はさせられません。お引き取り下さい」

黒い髪をしたケイサツは、三百代言の求めに、一切応じなかった。

シーン②　判決に対して不服もいえない？

三百代言は事務所に戻るため、電車に乗った。

いくらいっても、あれではどうしようもない。面会もさせてもらえなければ、ケイサツのオリのなかにいる彼女たちにアドバイスをすることもできない。

電車のドアの上に設置されたモニターをみると、テレビのニュースが流れていた。

「死刑判決」というテロップが出ている。電車のなかで流れているテレビは映像だけだ。音はない。マナーのある国なのに、ハンザイやサイバンになると、おかしなことばかりだ。

「また、あのアバレンだな」と、三百代言はつぶやいた。

ニュースの原稿を読む女子アナウンサーの顔の下に、そのアナウンサーが読み上げている内容を文字にしたテロップが流れ始めた。

「監禁をした男に死刑判決が出ました。監禁犯で死刑判決が出たのは初めてです。裁判官はこう述べました。『五人もの人間を縛りつけ、衰弱させた罪は重い。そもそも被告人は縄のことばかり気にしている。どうせ、またやるだろう。頭のなかから縄のことが消えない以上、処刑するほかない。以上。なお、この判決には不服はいえません。わたしが決めました。これにて決着』」

三百代言の体は熱くなった。どうにも理解ができない判決だ。

監禁犯で死刑なんて、行きすぎだ。だいたい、何号犯だったのだろう？

判決に不服をいえないのも、おかしい。不服があれば〝控訴《こうそ》〟できるはずだ。

それが裁判というものだ。

縄が気になる被告人というのも、よくわからないが。

ユッコちゃんと、あの女の子は大丈夫だろうか……。

テレビのモニターをみていると、次のニュースが流れ始めた。

「やっていないけど有罪」という文字が大きく出た。「またアバレン」とある。

その内容を読み上げる男性のアナウンサーの顔がアップで映し出されると、アナウンサーが読み上げている原稿がテロップで流れ始めた。

「逃走して行方《ゆくえ》をくらましていた被告人である夫に代わり、その妻に対して、島流しの刑が言い渡されました。裁判官は判決で『被告人の犯行であることはマスコミの報道から明らかであるけれど、所在不明《しょざいふめい》である。しかし、起訴されていない妻が〝わたしがやりました〟と自白した。よって、ほんとうはやっていないけど、被告人の妻が有罪』と述べました」


こんなことがあっていいのか。

これは裁判じゃない。

どうにかならないものなのか……。アバレン裁判官の暴走だ。

三百代言は両手をベレー帽にあて、うなった。

シーン③ 逮捕するときのフダ？

「ところで、おまえたちはなにゆえ身柄《みがら》を拘束されたのであるか。中学生にありがちな万引きでもしたのであるか？」

ユッコパパったら、ヒドい。

オリのなかで、いまさら、こんなこというんだから。面白い人だけど。

「ヒドいなあ。わたしたちが、そんなことするわけないでしょ。ねえ、ジュリ」

ユッコがそういって、ジュリのほうをみた。

「わたしたちは、なにも悪いことをしてないです」

ジュリも間髪《かんはつ》入れずにいった。

「そうであったか。それは失礼した。そうすると、このなかで人の道に外れる行いをした者は、キンパツさんとトビタさんだけであるか」

ユッコパパって、ほんと面白い人。

オリのなかにいるのに、なんだかユーモアがあるっていうか。ほっとする。

「ヒドいなあ。先生よう」

トビタが顔をしかめていった。


「それで二人はなにもしていないのに、どうして逮捕されたのであるか。フダにはなんと書いてあったのであるか?」

「フダ? フダなんてなかったわ。ねえ、ジュリ」

「うん、なかった」

フダがなんなのかよくわからないけど、タイホされるときに、なにかをみせられた記憶はない。

もしかして、わたしたち、そのフダっていうのがないのにタイホされちゃったのかな。

「おかしい。それはおかしい。人の身体を縄で縛り、自由を奪う以上、理にかなったタイホの理由を示さなければならないはずである。それにもかかわらず、フダもなしにタイホであるか」

「フダってなんなの？　お父さん」

「フダはタイホには必要なものである。人をタイホするということは、人の自由を奪うことである。そのためには、どういう理由でタイホをするのか、その正しさを示すフダがなければならないのである」

「そんなのなかったよ。ねえ、ジュリ」

「うん。なかったと思う」

「けしからん。けしからんのである」

フダがあったらタイホしてもよかったの？

フダがなくてタイホされちゃうと、なにがけしからんなの？　意味わかんない。

もう、どうでもいいから……。とにかく、早く出してもらいたい。

こんな牢屋にいるの、いや。もう、いやだ。早く出して！

ジュリは、心のなかで叫んだ。

シーン④ お金を積めば釈放される？

「ここから出たい気持ち、よくわかるよ。お嬢ちゃん」

キンパツがジュリに声をかけた。

「わしも3回目やし、どうなるかわからへん」

キンパツが続けていった。

「いままでは罰金やったけど。トビタさんは死刑宣告《せんこく》が出たようやし、最近の裁判官は暴走してる。わしもやられてしまうかもしれへん」

キンパツは、不安そうな顔をした。

（犯罪に）慣れていそうなキンパツさんが不安になるくらいだから、わたしたちはもっと不安なんだけど。っていうか、トビタさんが死刑宣告って……。

わたしたちにいやなことしたのは、たしかだけど。

でも……死刑だなんて。

「トビタさんは殺されちゃうってことですよね？」

ジュリはキンパツに聞いた。

「裁判で死刑宣告が出たんや。裁判で裁かれるということや」

それ、ぜんぜん答えになってないよ……。

ジュリはもう一度、キンパツに聞き直した。

「でも、死刑だから殺されちゃうんでしょ」

「裁判で死刑とゆうたら、裁かれるということや。命でつぐなうんや」

「だから、それって、殺されるってことよね？」

ユッコも確認した。

キンパツはそれには答えなかった。

「もう終わったよう。ワカメに会いたいよう」

死刑宣告をされた、張本人《ちょうほんにん》のトビタがいった。

死刑のことより、ワカメに会えないことのほうがさみしいようだ。

「だれや、ワカメって」

キンパツがあきれたようにいった。

「この人の彼女です」

トビタの代わりにジュリが答えた。愛人《あいじん》かもしれないけど……。

「なんで、お嬢ちゃんが知っとるんや？」

「わたしたち、会ったことがあるんです」

ジュリは答えた。

「なんや。友達なのか」

ジュリはだまった。

ユッコも下を向いていたが、しばらくすると口を開いた。

「彼女なの？　愛人っぽかったけど」

ユッコはこの状況でも、トビタに嫌味《いやみ》の1つでもいってやりたかったようだ。

「大切な人なんだよう。禁断症状《きんだんしょうじょう》が出るよう」

トビタは自分がこれから死刑にされる、ということより彼女のことが気になるようだ。

そんなにワカメさんのことが好きなんだ。

意外とかわいいところもあるんだ、トビタさん。

「ワカメさんも幸せだね」

「なんや、どうせ、もうあとわずかの命やんけ。彼女だろうが、愛人だろうが、この男はもうすぐいなくなるんや。まあ、そのコンブって女には、ほかにもオトコがいたかもわからへんけどな」

「コンブじゃないよう。ワカメだよう」

「どっちでもええわ。ようは海藻《かいそう》やろ」

「ヒ、ヒドいよう。おおおお。会ってもないのによう。海藻だなんて」

トビタが、か弱い声で叫《さけ》び始めた。

「悪かった。トビタさんよ。冗談や。でも、それだけワカメはんは、大切な女ということやな。よし、わかった」

「なんだよう。なにがわかったんだよう」

「それから、先生にお嬢ちゃんたちよ。どや、そろそろ脱出作戦の計画をホンマに練らへんか？」

「脱出作戦？　それ、いい！　前にいってたダンケツのことですね。でも、どうするんですか？」

「わたしは決して逃げないのである。断固《だんこ》として戦うべきであり……」

「そんなこと、いってる場合じゃない。お父さん、逃げましょう。お父さんだって、どうなっちゃうかわからない」

ユッコがユッコパパに強い調子でいった。

「しかしである……」

「おねがい！　お父さん、聞いて」

「しかし、しかしである……」

「お父さん!! 聞いてよ。わたしのこと愛しているなら、いうこと聞いて」

そういうと、ユッコは泣き始めた。

「……し、しかし」

「よし、脱出作戦の計画を練ろうや」

と、そのとき、青い髪をしたケイサツがやって来た。

「おい」

青い髪をしたケイサツがオリのなかに向かっていった。

「ひぃっ。いよいよ処刑だよお。おおお、ワカメぇ。ワカメぇー」

「うるさい! トビタの死刑執行《しけいしっこう》は、まだだ」

青い髪をしたケイサツがトビタにいった。

「ほっ」

「なんや。じゃあ、わしか」

「キンパツ、アンタは組長が金を積んだみたいだ。じきに釈放だろう」

「なんや。……じゃあ、やめた」

「えっ?」

ユッコとジュリは、目を丸くした。

まさか、キンパツさん、自分がたすかるなら、わたしたちを見捨てちゃうってことじゃないよね……。

「なにをやめたんだ？」

青い髪をしたケイサツが、あやしむような目をして聞いた。

「なんでもあらへん」

「ヒドい。じゃ、じゃあ、わたしたちはどうすればいいんですか？」

ジュリは後先《あとさき》を考えず、大きな声でいった。

「しらへんわ」

「そんな、ヒドい」

「おまえたちは、三人とも釈放だ。それをいま、いいに来たんだ」

青い髪をしたケイサツがいった。

「えっ？」

「でも、どうしてですか？」

ユッコとジュリは口をそろえて聞いた。

「判決が出たんだよ。判決。トビタの死刑の判決も行きすぎだと思ってたけどな。まあ、それは悪さしたんだから仕方ない。それで、おまえたちの判決のほうは全員釈放だ。作家の先生も、お嬢ちゃんたち二人もな。こんなんじゃ、やってらんねえぜ。終わってら。裁判なんて、めちゃくちゃだ」


やった！　シャクホウだ。

「シャクホウって、ここから出られるんですよね？」

ジュリは確認した。

「そうだ。そういうことだ。おれたちケイサツは、裁判官に従うしかないんだよ」

青い髪をしたケイサツは、納得のいかない顔で、ポケットのなかからオリを開ける鍵を取り出した。

ざっくりわかる刑事訴訟法のお話

「刑事訴訟法」はじゃな、刑法が適用される刑事事件の、①**捜査**《そうさ》と②**裁判**を定めた法律なんじゃ。

①の捜査をするのは**警察官**《けいさつかん》と**検察官**《けんさつかん》じゃ。よく逮捕とかいうじゃろう。逮捕するのはカンタンではないんじゃ。通常は、**裁判官の令状**《れいじょう》というものが必要になるんじゃ。ただし、現行犯の場合には緊急性が高いから、裁判官の令状がなくても逮捕できるんじゃ。

しかし、そうでない場合には、裁判官の令状がなければ、逮捕をすることはできないんじゃ。それから、逮捕した後も**取調べができる時間は限られている**んじゃよ。

逮捕してから48時間以内に**送検**《そうけん》しなければいけないし、送検から24時間以内に**勾留請求**《こうりゅうせいきゅう》をするかどうか決めなければいけないんじゃ。

送検というのは、検察官に送ることじゃ。送られると検察官が勾留請求をするかどうかの判断をするんじゃな。勾留というのは、逮捕されてから判決が出るまでの間に刑事施設に被疑者（被告人）の身柄を拘束することで、勾留請求は、検察官が裁判官に対して勾留を認めるかどうか決めるように請求することなんじゃ。

勾留は10日間が原則じゃ。実際には延長も認められることも多いが、それでも裁判官のチェックが必要なんじゃ。勾留期限《こうりゅうきげん》が切れるまでに検察官は**起訴**《きそ》するかどうかを決めるんじゃな。

起訴というのは、検察官が裁判所に裁判を求めることじゃが、起訴されて、ようやく刑事裁判が始まるんじゃ。こういう手続を定めているのが刑事訴訟法なんじゃ。

脅《おど》かして自白《じはく》させてはいけないとか、そういう決まりもたくさんあるんじゃ。あ、自白とは、自分の罪を認める発言のことじゃな。

捜査をする警察官や検察官は、たくさんの制約を受けているんじゃ。それがないと、「刑事訴訟法のない世界」みたいに、捜査するヤツのやりたい放題になるんじゃよ。恐ろしいじゃろう。

こうして起訴されると、いよいよ、②の刑事裁判じゃ。刑事裁判も裁判官が自由にできるわけじゃない。やはり、たくさんの制約があるんじゃ。

証拠裁判主義といって、**証拠能力**がある適法な証拠のみに基づいて判断しなければいけないことや、**自白法則**《じはくほうそく》といって、強要された自白は証拠能力がないことや、**補強法則**《ほきょうほうそく》といって、自白だけでは有罪にできないことなど、いろいろなルールが定められているんじゃ。いくら悪いことをしたと疑われている被告人だとしても、裁判は公正《こうせい》かつ**適正な手続**《てきせいなてつづき》で進めなければならない。そういう刑事裁判のルールを定めているんじゃ。

なぜ、こんなに捜査する人や裁判官に制約があるのかというと、刑事訴訟法は、被疑者や被告人の**人権保障**も目的にしているからなんじゃよ。

犯罪があった場合、真犯人をつきとめて裁かなければならない。これは、①**真実発見**という刑事訴訟法の目的だが、その真実発見のためなら、なんでもかんでもやっていいかというと、それはダメなんじゃ。

犯人を検挙《けんきょ》しようとしすぎると、ほんとうは罪を犯していない人まで、犯人に仕立てあげられてしまうことが出てくるんじゃ。**冤罪**《えんざい》というやつじゃ。

冤罪を防止するために、刑事訴訟法は、さっきの真実発見だけではなく、②**被疑者や被告人、つまり犯罪を犯したと疑われている人や起訴された人の人権を保障する**ことも目的にしているんじゃよ。

おさらいをしよう。

刑事訴訟法は、①真実発見だけでなく、②被疑者や被告人の人権保障も目的にしている。


先に刑事訴訟法について話したが、裁判は民事の裁判もあるんじゃ。

民事の裁判を定めたのが「民事訴訟法」じゃ。ジュリが連れて行かれた世界には、裁判はあっても適正な手続を定めた法律がない。困ったものじゃ。


さて、次はいよいよ「民事訴訟法のない世界」じゃ。


えっ？　なにがいよいよだ、そんな世界、別にみたくないいじゃと？

……。

ゴホン。では、また会おう。とりあえず、さらばじゃ。

「民事訴訟法のない世界」に行ってみたまえ。

どどどどどどーーー。

刑事訴訟法の条文に慣れるための解説

犯罪と刑罰を定めた法律（刑法など）を、現実に犯罪を犯したと疑われている人（被疑者。一般には容疑者《ようぎしゃ》といわれますが）、検察官から起訴された人（被告人）に対して、どのような「**手続《てつづき》**」で適用していくべきかを定めた法律が「刑事訴訟法」です。第3話（155頁）でも述べた「**適正手続の保障**」を具体化するものです。

ここにいう「手続」としては、具体的には、捜査と裁判の双方が含まれます。ジュリが体験した「刑事訴訟法のない世界」とはどこが違うのでしょうか。また、現行の刑事訴訟法にはどのような規定があるのでしょうか。物語のシーンと条文に沿って、解説します。

まずは、このシーンです。

ポイント①　送検《そうけん》、勾留請求《こうりゅうせいきゅう》、取調《とりしら》べ、起訴《きそ》

「1年以上もケイサツで取り調べている。いくらなんでも長すぎます。ふつうは取《と》り

調《しら》べを終えて、1カ月もすれば裁判が始まりますよね。なぜ、それができないのですか？」（165頁）

三百代言《さんびゃくだいげん》が黒い髪をした警察官に詰め寄った場面です。

ジュリが連れて行かれた世界では、犯罪の捜査と裁判について手続を定めた「刑事訴訟法」がないため、いつまでになにをすべきかという手続のルールが明確にないようです。

そこで、取調べの後、裁判が始まるまでの期間は「ふつうは」1カ月くらいではないかと三百代言は指摘《してき》しています。これに対する黒い髪をした警察官の答えは「わかりませんね」でした。

「刑事訴訟法のある世界」では、こうしたことは考えられません。なぜならば、犯罪を犯したと疑われている人（刑事訴訟法では「**被疑者《ひぎしゃ》**」といいます。ただし、報道などでは一般に「容疑者」といわれています）といっても、警察官や検察官という国家権力が人の自由を拘束することには、できる限り謙抑的《けんよくてき》（最小限度）でなければならないからです。

そして、いつまでに、なにをすべきかが明確に定められているからです。

具体的には、①**逮捕してから48時間以内に**検察官に送致《そうち》し（「**送検《そうけん》**」といいます）、

◉刑事訴訟法・２０３条

司法警察員は、逮捕状により被疑者を逮捕したとき、又は逮捕状により逮捕された被疑者を受け取つたときは、直ちに犯罪事実の要旨及び弁護人を選任することができる旨を告げた上、弁解の機会を与え、留置の必要がないと思料するときは直ちにこれを釈放し、留置の必要があると思料するときは被疑者が身体を拘束された時から48時間以内に書類及び証拠物とともにこれを検察官に送致する手続をしなければならない。

（２項～４項は、略）

５　第１項の時間の制限内に送致の手続をしないときは、直ちに被疑者を釈放しなければならない。

②**送検から24時間以内に**裁判官に対して「**勾留請求**《こうりゅうせいきゅう》」を行い、

◉刑事訴訟法・２０５条

検察官は、第２０３条の規定により送致された被疑者を受け取つたときは、弁解の機会を与え、留置の必要がないと思料するときは直ちにこれを釈放し、留置の必要があると思料するときは被疑者を受け取った時から24時間以内に裁判官に被疑者の勾留を請求しなければならない。
2　前項の時間の制限は、被疑者が身体を拘束された時から72時間を超えることができない。
（3項は、略）
4　第1項及び第2項の時間の制限内に勾留の請求又は公訴の提起をしないときは、直ちに被疑者を釈放しなければならない。
（5項は、略）

③**「勾留請求」から10日以内に**捜査機関は「**取調**《とりしら》**べ**」を終えて「**起訴**《きそ》」（その被疑者を「**被告人**《ひこくにん》」として裁判を求めること）するか、釈放しなければならないとされています。

④やむを得ない理由がある場合には、さらに最大10日間の延長が認められることがあります（ごく限られた犯罪に関しては、さらに5日間の再延長が認められる場合があります）が、延長された場合でもその期間内にやはり起訴するか、釈放しなければいけません。

◉刑事訴訟法・207条

前3条の規定による勾留の請求を受けた裁判官は、その処分に関し裁判所又は裁判長と同一の権限を有する。但し、保釈については、この限りでない。

（2項～4項は、略）

5　裁判官は、第1項の勾留の請求を受けたときは、速やかに勾留状を発しなければならない。ただし、勾留の理由がないと認めるとき、及び前条第2項の規定により勾留状を発することができないときは、勾留状を発しないで、直ちに被疑者の釈放を命じなければならない。

◉刑事訴訟法・208条

前条の規定により被疑者を勾留した事件につき、勾留の請求をした日から10日以内に公訴を提起しないときは、検察官は、直ちに被疑者を釈放しなければならない。

2　裁判官は、やむを得ない事由があると認めるときは、検察官の請求により、前項の期間を延長することができる。この期間の延長は、通じて10日を超えることができない。

これらの手続は、「期限」を守ることはもちろん、「逮捕」でも「勾留」でも、刑事訴訟法が定める「**事由**《じゆう》」（要件）を満たす場合でなければできません。それだけ、刑事訴訟法は警察官や検察官などの捜査機関に対する制約を課しているのです。

なお、起訴については、検察官に裁量《さいりょう》が認められており、諸般《しょはん》の事情から起訴をしないこともできます（特に、軽微《けいび》な犯罪で初犯の場合などに行われる「**起訴猶予**《きそゆうよ》」）。

起訴されて有罪の裁判が確定すると「**前科**《ぜんか》」になりますが、起訴猶予になった場合は「**前歴**《ぜんれき》」になります。

◉刑事訴訟法・247条

公訴は、検察官がこれを行う。

◉刑事訴訟法・248条

犯人の性格、年齢及び境遇、犯罪の軽重及び情状並びに犯罪後の情況により訴追を必要としないときは、公訴を提起しないことができる。

起訴は「**公訴《こうそ》の提起《ていき》**」とも呼ばれます（刑事訴訟法247条）。検察官が「**起訴状《きそじょう》**」を裁判所に提出して行います（同法256条1項）。

◉刑事訴訟法・256条

公訴の提起は、起訴状を提出してこれをしなければならない。

2 起訴状には、左の事項を記載しなければならない。

一 被告人の氏名その他被告人を特定するに足りる事項

二 公訴事実

三 罪名

3 公訴事実は、訴因を明示してこれを記載しなければならない。訴因を明示するには、できる限り日時、場所及び方法を以て罪となるべき事実を特定してこれをしなければならない。

4 罪名は、適用すべき罰条を示してこれを記載しなければならない。但し、罰条の記載の誤は、被告人の防禦に実質的な不利益を生ずる虞がない限り、公訴提起の効力に影響を及ぼさない。

（5項以下は、略）

そして、起訴されてからは通常1カ月程度で、第1回の「**公判期日**《こうはんきじつ》」（裁判の期日）が指定されます。

次のポイントは、こちらです。

ポイント② 接見交通権《せっけんこうつうけん》

「面会もできないなんて、おかしいです。」（166頁）

いくらいっても、あれではどうしようもない。面会もさせてもらえなければ、ケイサツのオリのなかにいる彼女たちにアドバイスをすることもできない。（169頁）

三百代言《さんびゃくだいげん》は、弁護士として弁護活動をする一貫で、警察署に留置された被疑者（作家の伊鵜田《いうだ》氏、ユッコ、ジュリ）との面会を希望しました。しかし、黒い髪をした警察官は、三百代言の求めに一切応じませんでした。

これは「刑事訴訟法のある世界」ではありえないことです。

逮捕された被疑者には「**接見交通権**《せっけんこうつうけん》」といって、弁護人（弁護士）と面会する権利が認められているからです。特に、逮捕直後における弁護人となろうとする者との初回の面会（接見）は、被疑者の防御の準備のために、速《すみ》やかに行われることが重要であると解されています。

◉刑事訴訟法・39条

身体の拘束を受けている被告人又は被疑者は、弁護人又は弁護人を選任することができる者の依頼により弁護人となろうとする者（略）と立会人なくして接見し、又は書類若しくは物の授受をすることができる。

（2項以下は、略）

この接見交通権では、ただ面会できるだけでなく、刑事訴訟法39条1項にあるように「**立会人**《たちあいにん》**なくして**」面会することができます。

テレビドラマのなかで、警察署で、ポツポツと穴が開いたガラス窓越しに、弁護士と被疑者が面会するシーンがよくありますが、その近くに警察官が座って話を聞いていることがあります。これはありえないことです。「立会人なくして」弁護人と面会できる権利が、接見交通権だからです（ただし、弁護人ではない家族など一般の人との面会は別です）。

ちなみに、刑事訴訟法では（後で説明する民事訴訟法も基本的に同じです）、**弁護人は、原則として、弁護士から選任《せんにん》しなければならない**とされています（刑事訴訟法31条1項）。

◉刑事訴訟法・31条

弁護人は、弁護士の中からこれを選任しなければならない。

2　簡易裁判所又は地方裁判所においては、裁判所の許可を得たときは、弁護士でない者を弁護人に選任することができる。ただし、地方裁判所においては、他に弁護士の中から選任された弁護人がある場合に限る。

「刑事訴訟法のない世界」で活躍していた「三百代言」は、弁護士資格を持っていない可能性が高いです。そもそも、「弁護士資格」なるものが刑事訴訟法のない世界にあったのかはわかりません。ちなみに、「三百代言」というのは、明治初期に、資格のない代言人（弁護士）を軽べつした用語で、「事件屋」ともいわれ、事件を食いものにする人たちのことをいいます。こうした三百代言が暗躍《あんやく》することを防ぐため、刑事訴訟法も後述の民事訴訟法も「**弁護士代理《べんごしだいり》の原則《げんそく》**」を定めているのです。

次のポイントは、こちらです。

ポイント③ 控訴《こうそ》と上告《じょうこく》

「『（略）この判決には不服はいえません。わたしが決めました。これにて決着』」

三百代言の体は熱くなった。どうにも理解ができない判決だ。

監禁犯で死刑なんて、行きすぎだ。だいたい、何号犯だったのだろう？

判決に不服もいえないのも、おかしい。不服があれば〝控訴《こうそ》〟できるはずだ。

（169～170頁）

第1審の裁判所（地方裁判所や簡易《かんい》裁判所）の判決が出ても、その内容に不服があれば「**控訴《こうそ》**」をすることができます。

裁判官といっても人間ですから、判断を間違う「**誤審《ごしん》**」をすることもありえますし、新しい証拠により「**事実《じじつ》の認定《にんてい》**」に影響が出る場合などもあるからです。

第1審の判決内容に対する不服を第2審（**控訴審《こうそしん》**）へ申し立てる手続が「控訴」です

が、さらに控訴審（第2審）の判決内容に対する不服を**上告審**《じょうこくしん》へ申し立てる手続を「**上告**《じょうこく》」といいます。この「控訴」と「上告」を合わせて「**上訴**《じょうそ》」といいます（これは、後で説明する民事訴訟法でも同じです）。

◉刑事訴訟法・351条

検察官又は被告人は、上訴をすることができる。

（2項は、略）

◉刑事訴訟法・372条

控訴は、地方裁判所又は簡易裁判所がした第1審の判決に対してこれをすることができる。

次のポイントはこちらです。このポイント④には、2つの問題が含まれています。

ポイント④ 証拠裁判主義《しょうこさいばんしゅぎ》

「逃走して行方《ゆくえ》をくらましていた被告人である夫に代わり、その妻に対して、島流しの刑が言い渡されました。裁判官は判決で『被告人の犯行であることはマスコミの報道から明らかであるけれど、所在不明《しょざいふめい》である。しかし、起訴されていない妻が〝わたしがやりました〟と自白した。よって、ほんとうはやっていないけど、被告人の妻が有罪』と述べました」（170〜171頁）

「刑事訴訟法のない世界」の問題の1つは、「被告人の犯行であることはマスコミの報道から明らかである」としている点です。

マスコミの報道を根拠《こんきょ》に、被告人の犯罪事実を認定《にんてい》して有罪にすることは「刑事訴訟法のある世界」ではできません。被告人の犯罪事実の認定は、裁判所の審理《しんり》のなかで検討された「証拠」に基づいて行わなければならないからです。これを「**証拠裁判主義**」といいます（刑事訴訟法317条）。

◉刑事訴訟法・317条

事実の認定は、証拠による。

また、刑事の裁判では「**予断《よだん》排除《はいじょ》の原則《げんそく》**」といって、たとえば被告人を起訴する際にも予断（予測）を与えるような資料の添付《てんぷ》が禁止されています。これを起訴状一本のみで起訴すべきという意味で、「**起《き》訴状《そじょう》一本《いっぽん》主義《しゅぎ》**」といいます（同法256条6項）。

◉刑事訴訟法・256条

（1項～5項は、略）

6　**起訴状には、裁判官に事件につき予断を生ぜしめる虞のある書類その他の物を添付し、又はその内容を引用してはならない。**

2つ目の問題は、先ほどの判決が、起訴された被告人の裁判で、起訴されていない被告人の妻の犯罪を認定している点です。そもそも、刑法のところでも解説したように、現実の「法律のある世界」では、他人の犯罪行為が親や子、妻などの犯罪行為とみなされることはありません。

これに加えて、起訴されてない被告人の妻に対して「自白した」として、犯罪が認定されるという刑事訴訟（裁判）の手続にもおかしな点があります（同法２４９条参照）。被告人の妻は「被告人」として裁判の手続に関与《かんよ》していないのに有罪にされているからです。

◉刑事訴訟法・２４９条
公訴は、検察官の指定した被告人以外の者にその効力を及ぼさない。

刑事訴訟法のポイントは、もう少し続きます。次はこちらです。

ポイント⑤ 逮捕状《たいほじょう》

「おかしい。それはおかしい。人の身体を縄で縛り、自由を奪う以上、理にかなったタイホの理由を示さなければならないはずである。それにもかかわらず、フダもなしにタイホであるか」
「フダってなんなの？　お父さん」
「フダはタイホには必要なものである。人をタイホするということは、人の自由を

奪うことである。そのためには、どういう理由でタイホをするのか、その正しさを示すフダがなければならないのである」（173頁）

「刑事訴訟法のある世界」に暮らすあなたも、もしかしたら、犯罪を犯したと疑われる人（被疑者）が逮捕されることは当然だと思っているかもしれません。

しかし、実際は違います。作家の伊鵜田《いうだ》氏が力説するように、逮捕は人の自由を奪うものです。これは「国家権力による人権侵害」ともいうべき場面です。それにもかかわらず正当化されるのは、刑事訴訟法が所定の要件を満たす場合に限り、例外的に「逮捕」を認めているからです（憲法の「**人身の自由**」を思い出して下さい）。

具体的にいえば、「通常の逮捕」では、裁判官の「**令状**《れいじょう》」が必要になります。捜査機関（警察官など）は犯人逮捕につい熱が入りがちです。誤認逮捕《ごにんたいほ》の危険もあります。そこで、第三者である裁判官（司法機関）によるチェックを求めているのです。この令状は「**逮捕状**」と呼ばれています。「刑事訴訟法のない世界」で伊鵜田氏がいっていた「フダ」は、この逮捕状のことを意味していたものと考えられます。

それにしても、三百代言は、裁判に詳しいですね。ひょっとしたら、裁判のある別の国の「**外国法**《がいこくほう》」を勉強しているのかもしれません（なお、外国法と比べることを「**比較法**《ひかくほう》」

といいます）。

◉刑事訴訟法・199条

検察官、検察事務官又は司法警察職員は、被疑者が罪を犯したことを疑うに足りる相当な理由があるときは、裁判官のあらかじめ発する逮捕状により、これを逮捕することができる。ただし、30万円（略）以下の罰金、拘留又は科料に当たる罪については、被疑者が定まつた住居を有しない場合又は正当な理由がなく前条の規定による出頭の求めに応じない場合に限る。

2　裁判官は、被疑者が罪を犯したことを疑うに足りる相当な理由があると認めるときは、検察官又は司法警察員（略）の請求により、前項の逮捕状を発する。但し、明らかに逮捕の必要がないと認めるときは、この限りでない。

（3項は、略）

逮捕状に記載すべき事項も刑事訴訟法に定められています（同法200条）。

◉刑事訴訟法・200条

逮捕状には、被疑者の氏名及び住居、罪名、被疑事実の要旨、引致すべき官公署その他の場所、有効期間及びその期間経過後は逮捕をすることができず令状はこれを返還しなければならない旨並びに発付の年月日その他裁判所の規則で定める事項を記載し、裁判官が、これに記名押印しなければならない。

（2項は、略）

また、この「逮捕状」は、逮捕しようとする被疑者に示さなければなりません（刑事訴訟法201条）。

◉刑事訴訟法・201条

逮捕状により被疑者を逮捕するには、逮捕状を被疑者に示さなければならない。

（2項は、略）

刑事訴訟法も、いよいよ最後のポイントになります。

ポイント⑥ 保釈《ほしゃく》

「キンパツ、アンタは組長が金を積んだみたいだ。じきに釈放だろう」（178頁）

青い髪をした警察官が、金髪の男（人殺しで3回逮捕され、1回目と2回目は罰金を払って釈放されている男）にいった言葉です。

刑法のところで解説したように、そもそも**殺人罪には「罰金刑」はありません**。また、刑罰は勝手に選べるものではなく、裁判で決められるものです。

「刑事訴訟法のある世界」では、暴力団の組長がお金を払ったからといって、組員が釈放されることはありません。

この点、テレビや新聞で「**保釈金**《ほしゃくきん》」を納めて、釈放されるシーンを思い出される方もいるかもしれません。しかし「保釈金」を納めて釈放されるのは、あくまで、起訴された被告人で、また裁判が確定するまでです。そのような条件で、起訴された被告人の身柄拘束が解かれる制度が「**保釈**」なのです。その後、裁判で懲役刑などが宣告され確定した場合には、刑務所に入ることになります。

保釈は、決してお金を払って、刑罰を免除してもらう制度ではありません。「起訴」された後は、裁判の当事者（被告人）として防御活動が必要になります。「**当事者主義**《とうじしゃしゅぎ》」（**当事者対等の原則**《とうじしゃたいとうのげんそく》）の要請から、他方の当事者である捜査機関側に被告人が身柄を拘束される状態は望ましくありません。ただし、それで逃げられてしまうのは困ります。

そこで、保釈の請求があれば、原則として、保釈はできないとされる「**除外事由**《じょがいじゆう》」がある場合を除いて、「保証金」（担保）としての保釈金を納めれば、身柄を解放する制度となっています（刑事訴訟法88条、89条）。

◉刑事訴訟法・88条

勾留されている被告人又はその弁護人、法定代理人、保佐人、配偶者、直系の親族若しくは兄弟姉妹は、保釈の請求をすることができる。

（2項は、略）

◉**刑事訴訟法・89条**

保釈の請求があつたときは、次の場合を除いては、これを許さなければならない。

一　被告人が死刑又は無期若しくは短期1年以上の懲役若しくは禁錮に当たる罪を犯したものであるとき。

二　被告人が前に死刑又は無期若しくは長期10年を超える懲役若しくは禁錮に当たる罪につき有罪の宣告を受けたことがあるとき。

三　被告人が常習として長期3年以上の懲役又は禁錮に当たる罪を犯したものであるとき。

四　被告人が罪証を隠滅すると疑うに足りる相当な理由があるとき。

五　被告人が、被害者その他事件の審判に必要な知識を有すると認められる者若しくはその親族の身体若しくは財産に害を加え又はこれらの者を畏怖させる行為をすると疑うに足りる相当な理由があるとき。

六　被告人の氏名又は住居が分からないとき。

また、保釈金についても、次のような定めがあります（刑事訴訟法93条）。

◉刑事訴訟法・93条

2　保釈を許す場合には、保証金額を定めなければならない。

保証金額は、犯罪の性質及び情状、証拠の証明力並びに被告人の性格及び資産を考慮して、被告人の出頭を保証するに足りる相当な金額でなければならない。

（3項は、略）

なお、刑事訴訟法は、2016年（平成28年）に大きな改正があり、日本版「司法取引《しほうとりひき》」といわれる「**合意制度**《ごういせいど》」（同法350条の2～15）および「**刑事免責制度**《けいじめんせきせいど》」（同法157条の2）が導入されました。

これらの制度は、他人の刑事事件の解明《かいめい》に協力すると、自《みずか》らの刑事事件で有利に考慮されるものです。

同年の改正では、取調べ状況の録音・録画も一定の範囲で義務づけられました（**取調べの可視化**《かしか》。同法301条の2）。

第5話

もしも民事訴訟法がなかったら

民事訴訟法のない世界の物語

「**民事訴訟法**」がなかったら、どのような世界になってしまうのでしょうか。

ジュリは「**民事訴訟法のない世界**」に連れて行かれます。

そこには、紛争《ふんそう》を食《く》いものにする「三百代言《さんびゃくだいげん》」という弁護士を名乗る事件屋、夫婦ともに求めていないのに「離婚しなさい」という判決を言い渡すおせっかいな裁判官、300万円の損害賠償《そんがいばいしょう》を求める訴《うった》えを提起《ていき》した原告《げんこく》に5000万円の支払いを命《めい》じるなど「想定外」の判決を連発する裁判官……など、「民事訴訟法のある世界」では考えられない人々が登場します。

シーン① 婚約者が逮捕されたら

ボクの好きな子が逮捕されてしまった。

しかも、よりによって二人も、だ。

どうしよう。

ケンは父親の富野ゲンゾウに相談することにした。ゲンゾウが借りたお金を返さないで金持ち気取りをしているのはどうかと思っていたケンだが、背に腹は代えられない。父さんの力をもってすれば、もしかしたらユッコとジュリちゃんをたすけてもらえるかもしれない。

ケンは父親のゲンゾウにユッコとジュリがタイホされたことを伝えた。

「ケイサツになんとかいって、シャクホウしてもらえないかな？」

「おまえの大事な女《ひと》だ。父さんが力になろう」

「ありがとう」

「で、どうやってシャクホウしてもらうの？」

「とにかく二人が閉じ込められている警察署に行こう」

「うん。ありがとう。父さん」

シーン② ワイロが通用しない

「お引き取り下さい。金《かね》では解決できないんですよ。この事件は」

黄色い髪をしたケイサツが富野ゲンゾウにいった。

「いくらならいいのかね?」

「いくら金を積んでもダメなんですよ」

「そんなことはないだろう」

「いや、ダメなんですよ」

「キミだって、生活があるだろう」

「……」

「つまりだ、よくしてくれればキミにもお礼をさせてもらう」

「……」

「どうだ。いくら必要なんだ?」

「……いや、ダメなんですよ」

「キミへのお礼は内密《ないみつ》にする。だれにも話さない。それでどうだ？　金額もキミの希望を尊重しよう。ケイサツ（組織）にも、もちろん支払いをする」

「で、ですから、ダメなんですよ。お、お引き取り下さい」

「なぜだ？　キミもお金がもらえたら生活が楽になるだろう」

「……ダメなんですよ。お引き取り下さい。国家に反逆《はんぎゃく》したヤツらは、処刑される道しかないんです」

「そ、そんな……。あの子たちはハンギャクなんてしてないのに」

ずっと黙っていたケンがたまらずいった。

富野ゲンゾウは、覚悟を決めた顔をした。

そして小声で力強くこういった。

「10億円出そう」

「じゅっ、じゅーおくえん？」

「どうだ。これでキミもケイサツなんかで働く必要がなくなる。犯罪者の顔をみる必要もなくなる。楽しい生活を送れるようになるぞ」

「でも……でも、ダメなんですよ。今回ばかりは……」

「なぜ、ダメなんだ？」

「け、刑事裁判の裁判官を知っているでしょう。いま暴走している、あのニュースのアバレン裁判官ですよ。だから、……その、ワイロがきく状態じゃないんです。内乱犯《ないらんはん》だし」

「……そうか。ダメか」

ケンはゲンゾウが困っている顔を初めてみた。

と、そこに一人の男が現れた。

シーン③ おかしな裁判官

「それでは、判決を言い渡します」

裁判所の法廷が静寂《せいじゃく》につつまれた。

どのような判決が下されるのか、当事者である夫婦も傍聴人《ぼうちょうにん》も耳を傾《かたむ》けている。

「二人とも離婚しなさい。以上」

「えっ？」

原告《げんこく》も、被告《ひこく》も、驚いた顔をした。

「もう離婚したほうがいいですよ」

裁判官はニヤリと笑った。金色の法服《ほうふく》を光らせながら。

「あの、さ、裁判長。わたしたち、離婚なんて求めてないです」

原告席に座っている男（夫）がいった。

「そうです。離婚なんて求めてないです」

被告席に座っている女（妻）も同調した。

「なにをおっしゃる。いいです？　裁判官はだれですか？　裁判官は裁く権利を持っているんです。知ってますよね」

「はあ」

原告の男と被告の女はため息をついた。

「裁判官は、わ・た・し・で・す」

男と女は下を向いた。

「だ・か・ら。ね？　リ・コ・ン・し・な・さ・い。以上」

「ヒ、ヒドい……なによ、この裁判」

「めちゃくちゃだ。めちゃくちゃな裁判だ」

原告の男と被告の女がうなだれているのを、ずっとみていた別の若い女がいた。

傍聴席に座っている若い女だ。その若い女は、高級ブランドで身をかためていて、香水の匂いをまわりにただよわせていた。

その若い女がニヤリと笑った。それをみていた裁判官はウインクをした。

若い女はスマホの画面をみる。原告の男と二人で肩を組んだ写真が映っていた。

「はい、静粛《せいしゅく》に。では、次の判決になりますので、あなたたちは退席して下さい。

……。はい。では、次の判決を言い渡します。被告は、原告に対して、5000万円を支払いなさい」

「えー！」

この裁判の原告と被告が同時に声を上げた。ただし、被告の声のほうが大きかった。

「おいおい、原告さん、アンタは300万円払えっていう請求でしたよね」

被告の男は、原告席にいる原告の男に向かって大声でいった。汗をかきながら。

「……ええ。そうだったように思います」

原告の男は、驚いたような顔をしながら答えた。下を向きながら。

「裁判長。おかしいです。この裁判は、原告が、被告であるわたしに、『300万円を支払え』といって起こした裁判だったはずです」

「なにをおっしゃる。いいです？　裁判官はだれですか？　裁判官は裁く権利を持っているんです。知ってますよね」

「はあ」

被告の男はため息をついた。

「裁判官は、わ・た・し・で・す」

被告の男は下を向いた。

「だ・か・ら。ね？　は・ら・い・な・さ・い。5000万円をね。以上」

裁判官はニヤリと笑った。マントのような金色の法服を揺らせながら。

「おかしい。おかしい！　ヒドすぎる！」

原告の男が、左腕《ひだりうで》のスーツのそでをまくると、高級そうな腕時計が顔をのぞかせた。

向い側の被告席で発狂《はっきょう》し始めた被告の男をみて、原告の男はニヤリと笑った。


この2つの一連の裁判を傍聴していた男がいた。ベレー帽をかぶった男だ。

ベレー帽をかぶった男は、首をかしげながら、廊下に出た。

廊下には「開廷表《かいていひょう》」が貼《は》られていた。

ベレー帽の男は、その開廷表に記載されている裁判長の名前を手帳の余白《よはく》に書き込んだ。ごくりとツバを飲み込むと、ベレー帽の男は、とびきり美味《おい》しいご馳走《ちそう》をみつけたかのような顔で裁判所を立ち去った。

シーン④ なんでも屋の三百代言《さんびゃくだいげん》

「どうされました?」

サンビャク事務所の応接室では、背の低いテーブルをはさんで、赤色と白色のソファにそれぞれ座った男たちが対面していた。

本棚が背にある側の赤いソファに一人の男が、窓が背にある側の白いソファに男と少年が並んで座っていた。

受け取ったばかりと思われる名刺が白いソファの近くのテーブルに置かれている。そこには「なんでもやります。三百代言《さんびゃくだいげん》」と書かれていた。

白いソファはふかふかしていたが、赤いソファはところどころ皮が破れていて、内部に入っていた綿が飛び出ていた。

「じつは……」

ふかふかの白いソファに腰をかけた男がいった。

いかにもお金持ちそうな出《い》で立《た》ちである。男は率直《そっちょく》にありのままを、手短《てみじか》に語った。

「そうですか。作家の伊鶏田《いうだ》先生のお嬢さんの、……ユッコちゃんのフィアンセなんですか？」

赤いソファに座った三百代言は嬉しそうな顔をした。

「そうなんです。ジュリちゃんもですけど」

金持ちそうな男の隣《となり》に小さく腰かけていた少年がいった。

「まあ、ジュリちゃんのほうは僕の片思いだけどね」

「えっ？」

「まあ、それはいいじゃないか。ケン。なんとかなりませんか？　サンビャク先生」

「富野さん、むずかしい問題ではあります。でも、方法がないわけではありません。ただ……」

「ただ？」

「いくらお支払いできますか？」

「お金なら、いくらでも出します。じつは先ほどケイサツに『10億積んでもいい』といったところです」

「じゅっ、10億？？」

「やはり少ないですか……」

「まあ、まあまあです。ええ、そ、その、……わたしは、正義感でやってるわけですから。ええ、うん、はい。……それでいいでしょう」

「そうですか。ありがとうございます。で、どうやったらいいですか？」

「ウルトラCがあるんです」

「ウルトラC？」

シーン⑤ お金で動く裁判官

富野ゲンゾウから10億円をあずかった三百代言は、ケイサツを訴《うった》える訴状《そじょう》を書いた。

「三人を釈放せよ」という判決を求める裁判を起こしたのだ。

三人というのは、もちろん、ユッコパパ、ユッコ、ジュリのことだ。

民事裁判の裁判官は兼武雨湖久《かねだけうこく》という名前の裁判官だった。

三百代言は、3億円を積むと陰で兼武裁判官と交渉した。

兼武裁判官は、「ケイサツに犯罪者の釈放命令をするのなら、3億では安い。6億必要だ」

といった。

三百代言は、これに対して「5億なら出せる」といった。

「しょうがないなあ」と、兼武裁判官はニヤリといった。

アバレン裁判官が担当する刑事裁判が始まる前に、三百代言は、ケイサツ（国家の組織）に対して民事裁判を起こした。

そして、この民事裁判が、刑事裁判よりも先に判決言い渡しとなった。

「判決を言い渡す。被告は、伊鵜田計《いうだけい》こと山下筆男《やましたふでお》、山下優子《やましたゆうこ》、湯村樹里《ゆむらじゅり》を、速やかに釈放せよ。この判決には、いかなる者も不服を申し立てることはできません。以上」

兼武裁判官は、傍聴席に座っていた富野ゲンゾウとケンにウインクをすると、金色の法服をなびかせて法廷の扉の奥へ消えていった。

ざっくりわかる民事訴訟法のお話

いかがじゃったろうか?

裁判の話になってきたので、少しわかりにくいところがあったかもしれんのお。

裁判には「**民事裁判**」と「**刑事裁判**」の2つがあるんじゃ。

そのうち、今回は「民事裁判」を担当していたカネダケ裁判官が出てきたんじゃ。

「刑事裁判」を担当していたのはアバレン裁判官じゃったな。

刑事裁判のルールを定めたのが「刑事訴訟法」じゃった。

民事裁判のルールを定めたのが「**民事訴訟法**」じゃ。

「民事訴訟法」は、民と民の間の紛争をじゃな(民法を覚えとるかな?)、裁判所で解決するためのルールを定めたホウリツなんじゃ。

第2話で説明した「ミンミンミンポウ」(民法)を裁判で実現するための手続のホウリツなんじゃ。裁判のなかでも、民事の裁判じゃね。刑事と違って、犯罪ではないぞ。あくまで、民と民の争いじゃ、いざこざじゃ、トラブルじゃ。それを話し合っても解決できないときには、裁判所に「解決して下さい」って、民が持ち込むものなんじゃよ。

民事訴訟法は、2つの目的からできているんじゃ。

1つは、**民事裁判をする当事者の意思を尊重しよう**という目的じゃ。

訴《うった》えるのも訴えないのも、民(個人)の自由じゃ。また訴えたとしても、途中でやっぱりやめたと訴えを取り下げるのも、訴えたけど、裁判所の判決じゃなくて話し合いで解決しようって決めるのも自由。途中で取り下げるのを「**訴えの取下《とりさ》げ**」というんじゃ。話し合いで解決しようって決めるのは「**裁判上の和解《わかい》**」とか「**訴訟上の和解**」っていうんじゃよ。

訴えを取り下げるのも、和解をするのも、判決を書いてもらうのも、訴える金額を決めるのも、当事者、つまり民(個人)の自由なんじゃ。

これが原則なんじゃ。

これを、ちょっとむずかしい言葉だが、「**処分権主義**《しょぶんけんしゅぎ》」というんじゃ。権利の処分は当事者、つまり〝その者の自由〟という意味じゃよ。

この「処分権主義」がある以上、裁判官も当事者が求めた請求以上に突っ込んで「おせっかいな判決」をいうことは禁止されているんじゃ。相手にも不意打《ふいう》ちになるからな。離婚を求めていないのに離婚判決を言い渡したり、原告が請求した以上の金額を認める判決を言い渡したりすることなど言語道断《ごんごどうだん》じゃ。それは、この「処分権主義」があるからなんじゃ。

なんとなくわかったかのお?

その代わり、裁判官がみる証拠は当事者が自分で集めてこないといけないんじゃ。これもむずかしい言葉だが、「**弁論主義**《べんろんしゅぎ》」というんじゃよ。

もう1つの目的はじゃな。

民事裁判を適正・公正に行おうという目的じゃ。1つ目の目的が、当事者の自由だったが、なんでもかんでも自由すぎても、いい加減になってしまうものじゃ。

それで、自由の行きすぎにはならんように、みんなの利益（これを「**公益**《こうえき》」というんじや）に関係することについては、当事者の自由にはならないようにしているんじゃよ。
たとえば、裁判官が裁判を起こした当事者の親や親戚だったら、いい加減な裁判になりそうじゃろう。こういう場合には、ホウリツでその裁判はできないようにしているんじゃ。これを「**除斥**《じょせき》」というんじゃよ。

自分からこの人、高校時代の親友だから甘くなっちゃいそうじゃないかと思う場合は、裁判官から「この裁判は担当しません」ということもできるし（これを「**回避**《かいひ》」というんじゃ）、「この裁判官、相手側とつるんでそうだから担当から外れてほしい」と思うときは「**忌避**《きひ》**の申立**《もうした》**て**」というのができるんじゃ。

それから「三百代言《さんびゃくだいげん》」といって資格を持たない事件屋が、事件を食いものにすることがないよう、民事裁判の代理人になれるのは資格を持っている「**弁護士**」に限るのが原則なんじゃ。これを「**弁護士代理の原則**」というんじゃ。刑事裁判と同じじゃな。

ところで、三百代言が行った裁判は、警察署（おそらく国）を相手に、身柄を拘束された三人の釈放を求めるものじゃった。

国を相手にする民事訴訟は「**行政訴訟**《ぎょうせいそしょう》」というのじゃが、六法の基本を超えるので、この本では省略しよう。

民事訴訟法の条文に慣れるための解説

私人と私人との間の紛争を解決するための訴訟（裁判）の手続を定めた法律が「民事訴訟法」です。民事訴訟法は１９９６年（平成８年）に全面改正され、いまのカタチになったもので（その後も細かい改正はあります）、比較的新しい法律です（もちろん、前身《ぜんしん》である旧民事訴訟法が改正前にはありました。漢字とカタカナの文語体のものでしたが）。

民事訴訟法は、「民法」という「**実体法**《じったいほう》」を裁判で適用する場合の手続を定めた「**手続**《てつづき》**法**《ほう》」ですので、ベースには民法があります。

ジュリが体験した「民事訴訟法のない世界」とはどこが違うのでしょうか。また、現行の民事訴訟法にはどのような規定があるのでしょうか。物語のシーンと条文に沿って、解説したいと思います。

まずは、このシーンからです。

ポイント①　不告不理《ふこくふり》の原則《げんそく》

「あの、さ、裁判長。わたしたち、離婚なんて求めてないです」原告席に座っている男（夫）がいった。「そうです。離婚なんて求めてないです」被告席に座っている女（妻）も同調した。「なにをおっしゃる。いいです？　裁判官はだれですか？　裁判官は裁く権利を持っているんです。知ってますよね」（213頁）

「はあ」と男女がため息をつくと、「裁判官は、わ・た・し・で・す」と言い放ち、兼武《かねだけ》裁判官は、当事者が求めていない「離婚判決」を言い渡します。このような判決は「民事訴訟法のない世界」だからこそできることです。

いまの「民事訴訟法」のもとでは、裁判はあくまで当事者が求めた範囲でしか行えません。このことは、民事訴訟法の条文に明確に書かれています（民事訴訟法２４６条）。

◉民事訴訟法・246条
裁判所は、当事者が申し立てていない事項について、判決をすることができない。

裁判官が裁く権利を持っていると兼武裁判官は豪語していますが、これも「民事訴訟法のある世界」ではありえません。

「**訴《うった》えなければ裁判なし**」といって、当事者が裁判を求めていないのに（具体的には裁判をスタートさせる「**訴状《そじょう》**」を裁判所に提出していないのに）、裁判官が勝手に裁判をスタートさせることはできません。これを「**不告不理《ふこくふり》の原則《げんそく》**」といいます。

◉民事訴訟法・133条
訴えの提起は、訴状を裁判所に提出してしなければならない。
（2項は、略）

このことは、訴えが提起された場合（訴状が提出された場合）でも、なにをどこまで裁判で請求するかという点でも同じことがいえます。自分の権利をどのように行使《こうし》するかは、本人の自由だからです（**処分権主義《しょぶんけんしゅぎ》**）。それが次のポイントです。

ポイント② 処分権主義

「裁判長。おかしいです。この裁判は、原告が、被告であるわたしに、『300万円を支払え』といって起こした裁判だったはずです」「なにをおっしゃる。いいです？　裁判官はだれですか？　裁判官は裁く権利を持っているんです。知ってますよね」（214頁）

原告は、被告から5000万円を支払ってもらえる勝訴判決《しょうそはんけつ》を獲得しました。「300万円を支払え」という裁判ですから、「300万円を支払え」という判決が出るところまでは覚悟していたはずの被告は、予想をはるかに超える「5000万円を支払え」という判決を受け、ため息をつき、下を向いてしまいました。

原告にとっても、ふつうであれば、求めた裁判は300万円の支払いだったので、ビックリすることでしょう。

「民事訴訟法のない世界」では、裁判のルールが法律で定められていないため、裁判官が好き勝手に自由に判断をしているようです。しかし「民事訴訟法のある世界」では、こうしたことは許されません。先ほど説明した処分権主義の表れである民事訴訟法246条があるからです（念のため、もう一度その条文を掲載しておきます）。

◉民事訴訟法・246条
裁判所は、当事者が申し立てていない事項について、判決をすることができない。

この点について、たとえば、原告が被告に請求した金額が5000万円だった場合に、その一部である300万円の支払いを命《めい》ずる判決を書くことは許されると解されています。これを「**一部認容判決**《いちぶにんようはんけつ》」といいます（請求全部を認めるものは「**全部認容判決**《ぜんぶにんようはんけつ》」です）。

原告としては自分が求めた最大限の金額には到達していませんが、少しでも支払ってもらえるのであれば経済的にみてもメリットがあります。被告としても5000万円の支払いを覚悟した裁判で、それより少ない300万円の支払いを命じられても「不意打ち」にはなりません。そこで、「一部認容判決」は、当事者に不意打ちがない範囲内であれば民事訴訟法246条には違反しないと解されています。

次のポイントは、こちらです。

ポイント③ 弁護士代理《べんごしだいり》の原則《げんそく》

受け取ったばかりと思われる名刺が白いソファの近くのテーブルに置かれている。そこには「なんでもやります。三百代言《さんびゃくだいげん》」と書かれていた。白いソファはふかふかしていたが、赤いソファはところどころ皮が破れていて、内部に入っていた綿が飛び出ていた。（217頁）

「法律のない世界」で活躍していた三百代言ですが、弁護士資格を持っていない可能性があることを、「刑事訴訟法」（刑事訴訟法の条文に慣れるための解説）でも指摘しました。弁護士の資格を持たずに、お金のために事件を食いものにする「事件屋」のことを「三百代言」というからです。本書の三百代言の本心《ほんしん》は謎ですが。

刑事訴訟法と同じく、民事訴訟法でも、訴訟（裁判）の代理人（**訴訟代理人**）は、弁護士でなければならないとされています。これを「**弁護士代理の原則**」といいます。

◉民事訴訟法・54条

法令により裁判上の行為をすることができる代理人のほか、弁護士でなければ訴訟代理人となることができない。ただし、簡易裁判所においては、その許可を得て、弁護士でない者を訴訟代理人とすることができる。

（2項は、略）

民事訴訟法54条のただし書をみると、例外的に、裁判所の許可を得れば弁護士でない者を訴訟代理人にすることができるとされていますが、これは簡易《かんい》裁判所で扱う事件の場合です。簡易裁判所は、文字どおり「簡易」な事件を扱う第1審の裁判所で、**裁判所法**という法律の規定（同法33条1項1号）をみると、原則として、**民事訴訟では１４０万円を超えない事件**で登場するものです。

◉裁判所法・33条

簡易裁判所は、次の事項について第1審の裁判権を有する。

一　訴訟の目的の価額が１４０万円を超えない請求（行政事件訴訟に係る請求を除く。）

（以下は、略）

いずれにしても、三百代言（事件屋）の暗躍《あんやく》を防止するために「民事訴訟法のある世界」では、弁護士資格を持たない者が訴訟代理人になることは（先ほどの例外を除き）禁止されています。

一見、正義の味方にもみえる「民事訴訟法のない世界」の三百代言ですが、「民事訴訟法のある世界」では、こうした訴訟代理人としての活躍はできない立場の人なのです。

なお、民事訴訟法54条は、本人が訴訟代理人を選任する場合の規定ですので、本人が訴訟代理人（弁護士）を選任しないで自分で訴訟を追行《ついこう》することは禁止されていません。

これは、本人が自分で訴訟を担当するので「**本人訴訟**《ほんにんそしょう》」と呼ばれています。本人訴訟を認めずに必ず弁護士を代理人として選任すべきだという法律も諸外国《しょがいこく》にはあります（これを「**弁護士強制主義**《べんごしきょうせいしゅぎ》」といいます）。

次のポイントは、こちらです。

ポイント④　控訴《こうそ》の権利《けんり》と飛躍上告《ひやくじょうこく》の合意《ごうい》

「判決を言い渡す。被告は、伊鵜田計《いうだけい》こと山下筆男《やましたふでお》、山下優子《やましたゆうこ》、湯村樹里《ゆむらじゅり》を、速や

かに釈放せよ。この判決には、いかなる者も不服を申し立てることはできません。以上」（220頁）

「刑事訴訟法のない世界」でも、控訴を許さない第1審の判決が登場しました。「民事訴訟法のない世界」でも同じように控訴を許さない判決が登場しています。

現実の「民事訴訟法のある世界」では、「この判決には、いかなる者も不服を申し立てることはできません」という判決を言い渡すことはできません。敗訴《はいそ》した当事者には、不服を申し立てる権利（控訴《こうそ》の権利）があるからです（民事訴訟法281条1項本文〔※〕参照）。

◉民事訴訟法・281条

控訴は、地方裁判所が第1審としてした終局判決又は簡易裁判所の終局判決に対してすることができる。ただし、終局判決後、当事者双方が共に上告をする権利を留保して控訴をしない旨の合意をしたときは、この限りでない。

（2項は、略）

この条文にある、「**終局判決**《しゅうきょくはんけつ》」とは、あくまで当事者が争っている審級《しんきゅう》における訴訟の審理を終了させる判決のことで、当事者は下級審の終局判決については上訴《じょうそ》期間中に上訴することができるのです。

これに対して、「**確定判決**《かくていはんけつ》」とは、上訴期間が満了して確定した終局判決のことで、確定すると上訴は許されず、再審《さいしん》が開かれない限り再度争うことはできません。

なお、民事訴訟法281条1項のただし書は「**飛躍上告の合意**《ひやくじょうこくのごうい》」を定めたものです。「**控訴審**」（第2審）を飛ばして、「**上告審**」（第3審）で判断してもらうことを当事者双方が合意をする場合の規定です。控訴審を飛ばすことは、当事者双方が了解している場合に限りできます。もっとも、実際には「飛躍上告の合意」をみかけることはほとんどありません。

※……「ただし」により、1つの条文のなかに2つの文章（内容）がある場合、「ただし」の前の部分を「本文《ほんぶん》」といい、後の部分を「ただし書《がき》」といいます。

民事訴訟法の最後のポイントは、こちらです。

ポイント⑤ 裁判官の除斥《じょせき》と忌避《きひ》

兼武裁判官は、傍聴席に座っていた富野ゲンゾウとケンにウインクをすると、金色の法服をなびかせて法廷の扉の奥へ消えていった。（220頁）

いかにもあやしいですよね。

実際、この裁判官はお金（賄賂《わいろ》）で動く裁判官だったようです。お金で判決が買えるのであれば、裁判所に対する信頼はまったくなくなります。

裁判官が法廷で「黒い法服」を着ているのは、「何者《なにもの》にも染まらない黒」を意味しているといわれています。お金を受け取って、一方の当事者に染まってしまうような裁判官では困るわけです。

もちろん、現実の「刑法のある世界」では、賄賂を受け取ったことになり「**収賄罪**《しゅうわいざい》」（刑法197条）などにあたる犯罪行為です。

しかし、「民事訴訟法のない世界」では、こうしたことを取り締まる「刑法」もないのでしょう。

なお、現実の「民事訴訟法のある世界」では、お金のやりとりがなくても（これが許されないのは当たり前だと思われるかもしれませんが）、国民からみて公正な裁判に対する疑いが持たれる可能性のある立場に裁判官がいる場合、その事件への関与を禁止する規定が設けられています（民事訴訟法23条。これを「除斥《じょせき》」といいます）。

◉民事訴訟法・23条

裁判官は、次に掲げる場合には、その職務の執行から除斥される。

（ただし書は、略）。

一　裁判官又はその配偶者若しくは配偶者であった者が、事件の当事者であるとき、又は事件について当事者と共同権利者、共同義務者若しくは償還義務者の関係にあるとき。

二　裁判官が当事者の4親等内の血族、3親等内の姻族若しくは同居の親族であるとき、又はあったとき。

三　（略）。

四　裁判官が事件について証人又は鑑定人となったとき。

五　裁判官が事件について当事者の代理人又は補佐人であるとき、又はあったとき。

六　（略）。

（2項は、略）

こうした除斥の事由がない場合でも、「裁判の公正を妨《さまた》げるべき事情があるとき」は、当事者はその裁判官が事件に関与することに対して「**忌避**《きひ》」の申立てをすることができます（民事訴訟法24条）。

◉民事訴訟法・24条

裁判官について裁判の公正を妨げるべき事情があるときは、当事者は、その裁判官を忌避することができる。

（2項は、略）

忌避とは、不公平な裁判が行われるおそれのあるときに、当事者の申立てにより、その裁判官をその裁判の職務担当《しょくむたんとう》から排除することです。

なお、民事訴訟の「訴状」や「準備書面」と呼ばれる主張を書いた書面は、紙で持参するか、FAXで裁判所に提出します。これを電子データで提出できる仕組みに向けた民事訴訟法の改正の検討が、現在なされています。

◉民事訴訟の流れ◉

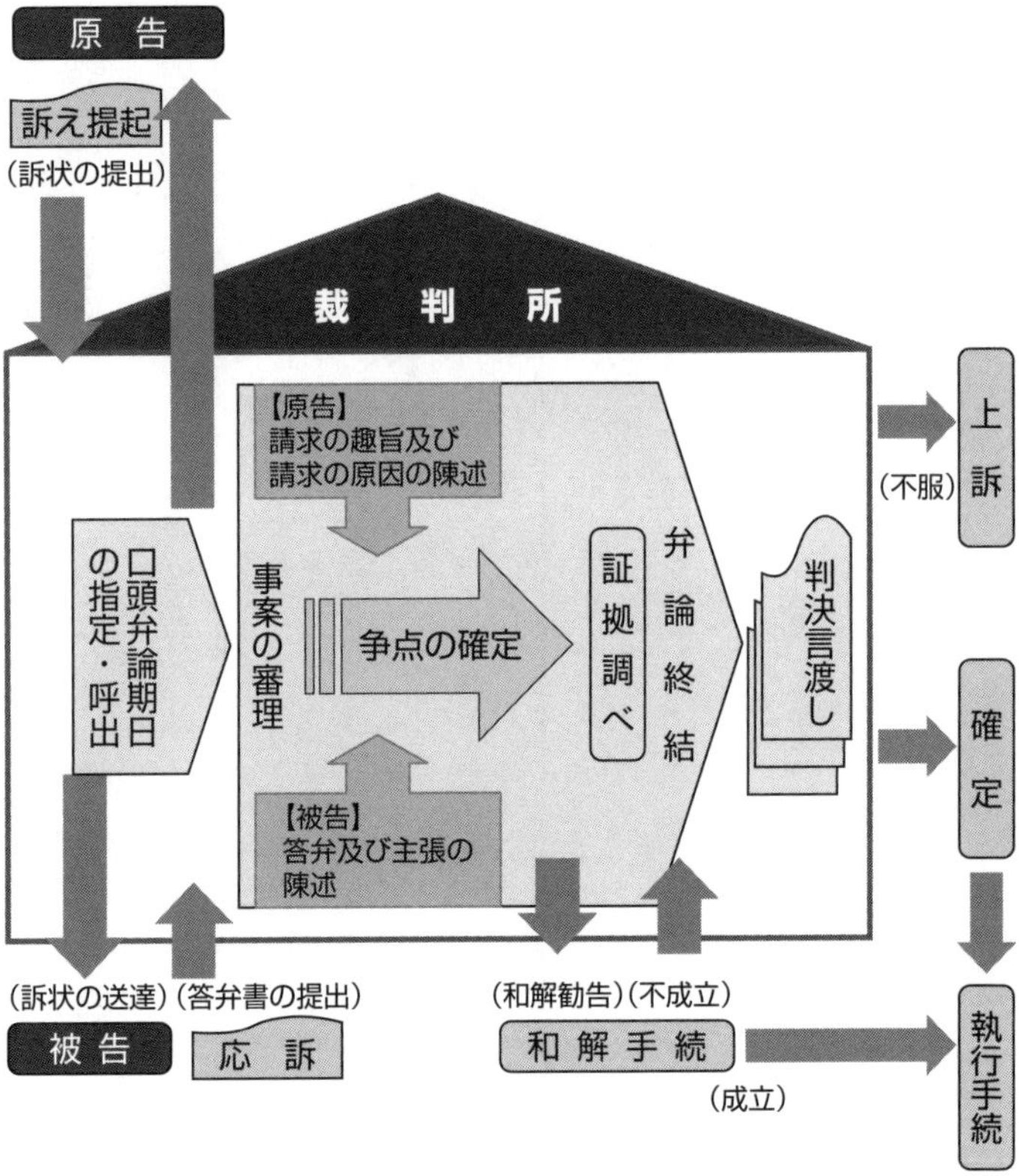

出所：法務省「裁判手続の流れ」

第6話

もしも商法（会社法）がなかったら

商法（会社法）のない世界の物語

「商法」がなかったら、どのような世界になってしまうのでしょうか。

ジュリは**「商法のない世界」**に連れて行かれます。

そこには、自分の報酬《ほうしゅう》（鳥金《とりきん》）を自分で決めてしまう役員、利益がないのに多額の配当《はいとう》を特定の出資者《しゅっししゃ》（亀主《かめぬし》）にだけ出してしまう会社、会社にとって都合の悪い亀主は招集《しょうしゅう》されない亀主総会……など、「商法」（会社法）がある世界では考えられない人々や会社が登場します。

なお、六法の1つに挙げられる「商法」には、かつては会社に関する規定を定めた条文がありましたが、現在では商法からは削除され、**「会社法」**という法律になっています。「商法」の大部分は会社法が占《し》めていたので、「商法のない世界」とありますが、本書の物語は「会社法のない世界」になります。

シーン① タマラン商事《しょうじ》の鳥締役

タマラン商事の役員会《やくいんかい》である鳥締役会《とりしまりやくかい》が開かれていた。タマラン商事は亀式会社《かめしきがいしゃ》（株式《かぶしき》会社《がいしゃ》?）で、大勢《おおぜい》の亀主《かめぬし》（株主《かぶぬし》?）に出資をしてもらっている。

タマラン商事は、さまざまな商品の輸出入《ゆしゅつにゅう》を行う商社《しょうしゃ》である。しかし実際のところ、なにをしている会社なのか、外からはよくわからなかった。事業内容も業績も、そして亀主も。

タマラン商事の代表鳥締役は、浴野《よくの》カワゾウである。

「いやあ、それにしても、うちはやはりサギさんあっての会社だな。うん」

浴野は鳥締役会が始まると同時に独り言のようにいった。

「当社《とうしゃ》の当期《とうき》の業績では、亀主に配当《はいとう》できるほどの利益はありませんが」

タマラン商事の鳥締役の一人である羽向《はむかい》は、浴野に盾《たて》つくようにいった。

「そんなことは知らんのだな。うん」

「しかし、社長。いくらなんでも、鷺須木《さぎすき》さんにだけ配当するというのは、よろしくないのではないでしょうか?」

「だから、いっているよな。さっきから」

「え？」

「うちはサギさんあっての会社だよな。そして配当できる利益があるかないかなんて、そんなことはわたしは知らんのだな」

「はあ」

「サギさんは大亀主《おおかめぬし》だ」

「ええ、存じております」

「当社の21％もの亀（株式？）を持ってくれている」

「ええ。残りの79％の亀主もいるわけですが」

「利益がないんだよな」

「は？」

「わたしは知らないけど、亀主に配当できるだけの利益はないって、いってたよな」

「ええ」

「じゃあ、無配《むはい》だ」

「サギさんも、ですよね？」

「だから、いっているだろう。サギさんは大亀《おおがめ》だ。サギさんあってのうちなんだよ。サギさんには1億円の配当をしよう」

「……で、ほかの亀主には今期《こんき》は配当しないと」

「よくわかってるじゃないか」

「……」


「それから、うちは狭いだろう」

「は？」

「社長の自宅にしては狭いんだよな」

「……」

「自宅を建て直そうと思うんだ。当社のためにもな」

「どういうことでしょうか？」

「社長が狭い家じゃ、取引先も儲《もう》かっている会社だとは思ってくれないだろう」

「そうでしょうか？」

「それがそうなんだよ。それが現実だ。だから、わたしの鳥金《とりきん》だけど、2億円にアップしよう」

「に、2億円？」

「そうだよ。仕方ないだろう。なあ、下谷《したがい》くん」

「そういたしましょう。当社にとって重要なことでございます」

「下谷鳥締役、ほんとうにそう思いますか?」

「もちろんでございます」

「2億円といったら、前期の2倍ですよ。社長の報酬といっても、会社の業績が落ちているなかで2倍アップというのは、通常では考えられません」

「だから、通常のことじゃないんだよ。いっただろう。今期は、自宅を建て直す必要があるんだ」

「しかし、それでは当社が……」

「従業員を再検討すればいい」

「……リストラということですか?」

「そうともいうな。必要なお金だ。その分の給料をもらっている従業員を全員外せばいい。それだけだ」

「社長、お言葉ですが……」

「そうだ。羽向《はむかい》くん。キミの鳥金《とりきん》も300万円アップしよう。下谷くんも200万円アップだ。社部内《しゃべない》くんも100万円アップだ。これで、みんなハッピーだろう」

タマラン商事の鳥締役会では、次の事項について、いずれも全員一致で決議がなされた。

1　今期の配当については、鷺須木氏に1億円を支払い、その他の亀主には配当をしない。

2　鳥金については、浴野代表鳥締役が2億円、羽向鳥締役が2800万円、下谷鳥締役が2600万円、社部内鳥締役が2300万円とする。

3　近日中に従業員のリストラクチャリングを開始する。リストラクチャリングについては、担当役員を下谷鳥締役とし、同氏に一任する。

タマラン商事は、こうして「鳥金」と呼ばれる役員の報酬については、鳥締役会だけですべて決めてしまった。また、総会にはかる事項には、配当など一般の亀主が反対しそうなものがあるため、定時《ていじ》亀主総会《かめぬしそうかい》は、浴野代表鳥締役のいいなりになる亀主のみを招集《しょうしゅう》することにした。いいなりにならない亀主には、亀主総会の招集通知《しょうしゅうつうち》も出さないことになった。

シーン② ボーナスが出ない……

「家のローンがまだまだ残っているのよ。困るわ。ボーナスが出ないなんて。大丈夫なの？　あなたの会社」

「リストラされなかっただけマシなんだよ。じつは、川磯《かわいそ》さんや塚吾《つかわれ》さんなんて、退職することになったんだよ。退職金も出ないらしい」

「そんなことってあるの？　ヒドすぎるんじゃない？」

「この不景気で会社の業績が悪化しているみたいなんだ。リストラされなかっただけマシだと思わないと」

「あなた、お願いよ。リストラなんて困るわ。あなたがいまリストラなんてされたら、この家、銀行に持っていかれちゃうわよ」

なんだか、たいへんなことになってるみたい、パパの会社。

わたしにはよくわかんないけど。

でも、リストラっていうのは困るみたい。いやだな、困るの。

「ねえ、リストラってなに？」

「な、なんだ、ジュリ聞いてたのか」

「パパの給料が出なくなっちゃうってこと？」

「パパの給料はちゃんと出てるのよ。ただボーナスが今回は出なかったの。でも、パパだけじゃなくて、ほかの社員もみんなボーナスをもらってないのよ。大丈夫よ」

「家のローンあるんでしょ？」

「大丈夫だよ」

ほんとに、大丈夫なのかな？　ああ、心配……。

シーン③　配当をもらって高級クラブで大盤振《おおばんぶ》る舞《ま》い

高級クラブで酒を飲んでいた男の隣《となり》の席から、大きな声が聞こえてきた。

「サギちゃん、もっと飲んで。わーかわいい」

店の女の甘言《かんげん》に乗せられている。しかし、それもわかって散財《さんざい》しているのだな、と男は思った。

「サギさんって、どうしてそんなにお金持ちなの？　この不景気の時代にすごいよね。事業でもしてるの？」

「運がよかっただけだよ」

「あら、知らないの。サギさんは、タマラン商事の大亀主さんなんだから」

若いホステスに向かって、少し年上のホステスが大きな声でいった。

「ええ、すごーい。女優の綾戸《あやと》ハルカがCMやってる会社だよね。サギさんて、そこの投資家《とうしか》？　すごーぉい。だから、大金持ちなんだ。わー」

「今年は業績がよかったみたいで、配当がすごかったんですって。投資家さんって、すごいよね。わたしなんか、こうして毎日働いてやっと生活できるお金をもらえるのに。サギさんは、なにもしないで配当もらえるんだから」

「しっ。声が大きいよ。二人だけのナイショっていったでしょ」

サギと呼ばれた男は、口止めをした。

「あっ、そうだった。でも……いいじゃん。タマラン商事の大亀《おおがめ》なんだから」

「だから、声が大きいって」

「わたしなんてこれ、サギさんに買ってもらったのよ。じゃーん！」

「ええ、すごーい。カルピエじゃない。わーすごい時計！」

「サギさん、イケメン！」

この話を近くで聞いていた別のホステスがいた。

そのホステスは、眉間《みけん》にしわを寄せてつぶやいた。

「なにが二人だけのナイショよ……。わたしにはなにもくれないのに、アヤノにだけ時計なんて買っちゃって。わたしよりアヤノのこと、気に入ってるんだね。ふん！」

男は別のテーブルで話の一部始終《いちぶしじゅう》を聞いていた。席を外しトイレに入ると、男はつぶやいた。

「とんでもないことを聞きましたな。こちらは亀主総会に呼ばれていないし、配当ももらっていない。けしからんことですな。わたしがいうのもなんだけど。わははは」

シーン④ 亀主総会に呼ばれていない

休み時間、ジュリは、ユッコとケンと廊下で立ち話をしている。

ジュリはパパの会社がたいへんなことになっているという話をした。

「ていう感じでさ、リストラとかされちゃったら、もうどうしようかって、ママも心配しているの」

「それは、たいへんだ」

「でしょう。ケンくんのパパはお金持ちだし、ユッコのパパは作家先生だから関係ないよね」

「そんなことはないよ。うちのお父さんは、本の依頼が来なくなったらおしまい」

「うちの父さんだって、いつタイホされないか、ヒヤヒヤしているよ」

「でも、たしかにサラリーンのおうちは、会社が安定しているときはいいけど、そうでなくなったときがたいへんそう」

「うん。たしかに。ところで、ジュリちゃんのお父さんの会社って、どこだっけ?」

ケンがジュリにたずねた。

「タマラン商事って会社」

「すごいなあ。有名な会社だ」

「いい会社。うちのお父さんには絶対ムリだわ。サラリーマン生活なんて。それこそ、すぐに歯向かってクビになりそう」

「前はお給料もよかったみたいなんだけど、いま、たいへんみたいなの。うちのパパにもお金持ちになる才能とか、本を書ける才能とかがあればよかったんだけど」

「いや、大企業につとめるなんてすごいことだよ」

「そうかな……」

「あれ、待てよ」

「どうしたの？」

「いや……。じつはさ、いま思い出したんだけど。うちの父さん、たしかタマラン商事の亀、持ってたよ。いままでは配当もよかったんだけど、今年はなぜか亀主総会に呼ばれなかったみたいなんだ」

「よくわからないけど、亀さんの会って、みんな呼ばれるんじゃないの？」

ユッコがケンに聞いた。

「うん。亀主総会の通知が全員に送られてこないなんて、おかしいって、父さんもいってた。そのときは興味なかったから、ちゃんと聞いてなかったけど。配当が出た人と出てない人がいるみたいだ……とかっていってたかな」

「ケンくん」

ジュリは少し考えた後、ケンにいった。

「わたし、ケンくんのお父さんとお話ししたい。連れてってくれない？」

その日の放課後に、ジュリはケンの家に行った。

ジュリがパパの話を富野ゲンゾウにすると、彼は少し沈黙してから、こういった。

「よからぬ匂《にお》いがしますな。わたしに少し時間を下さい」

シーン⑤ 行方不明《ゆくえふめい》の詐欺師《さぎし》を見つける偶然

次の日、富野ゲンゾウがジュリの家にやって来た。

「タマラン商事はおかしいですな。8%も亀式《かめしき》を持っているわたしには配当なし。招集すらされていない。社員もボーナスカットらしいですな？」

富野ゲンゾウはジュリのパパに問いかけた。

「そうなんです。業績が悪いから仕方ないのでしょうけど」

「それが違うのよ、パパ」

「えっ、違うって？」

「特定の大亀主だけが高額な配当をもらっているらしいのです。たまたま高級クラブで話が聞こえてきたのですな」

「そんなっ。それはおかしいですね。許せないな」

「なんとかならないの。その大亀主だけたくさん配当を出した会社もおかしいわよね。こらしめられないの？」

ジュリのママがささやいた。

しばらく沈黙した後、ジュリのパパがいった。

「裁判しますか？　わたしも少しだけど、従業員としてタマラン商事の亀を持っていますし。……あっ、でも、その大亀主の人の名前もわからないか」

「大丈夫です。調べてきました。お店で教えてもらいました」

「そんなに簡単に教えてもらえるのですか？　客商売だと、お客さんの個人情報はまず教えてくれないものではないかと思うのですが」

「そうです。そこはしっかりした、いい店です。その男が指名しているホステスは口を閉ざして教えてくれませんでした。でも、ちょうど別のホステスが、その男が指名するホステスのことをよく思っていなくてですな」

「それで、そのホステスに吐《は》かせたわけですか？」

「ええ。うまくやりました」

「ありがとうございます。さすがですね。で、なんという人なんですか？」

「サギスキカネオです」

「え？　サギスキ……って、あの人じゃない？　パパ」

ジュリが少し興奮したように口に出した。

「サギスキ……。あっ、あの二重譲渡《にじゅうじょうと》をしたヤツか！　待てよ。でも、同一人物かどうかはまだわからない。富野さん、すみませんが、その人の名前、漢字でフルネームでわかりますか？」

ジュリのパパが聞くと、富野ゲンゾウは、サギスキのフルネームが書かれたメモをみせてくれた。


「鷺須木兼夫《さぎすきかねお》……。ちょっと待って下さい」

ジュリのパパはマンションの売買誓約書を持ってきて、照らし合わせた。

「そうだ。やはり、あのサギスキだ。会社の大亀主だったのか」

「裁判してやろうよ。パパ！」

「でも、うちにはもう弁護士さんに払うお金なんてないわ」

ジュリのママが心配そうにいった。

「お金はわたしが出しましょう。わたしも訴えますから」

「富野さん、それは悪いですよ」

ジュリのパパが富野ゲンゾウにいった。

「大丈夫です。お気になさらず。うちの息子とジュリさんの将来のこともありますしな」

「ありがとうございます。では、お言葉に甘えさせていただきます」


ありがとうございますって、パパもママも頭下げちゃってるけど、ちょっと待ってよ。

息子って……ケンくんのことじゃない。

えっ？　まさか……。

「ちょっと待って下さい。どういうことですか？」

ジュリは声を荒げた。

「ジュリ、なにいってるんだ。こんなにありがたいお話はないじゃないか？　ケンくんには、またたすけてもらうことになるわけだし。ケンくんのお父さん、富野さんも、とてもしっかりとしたいい方だ。パパは賛成だよ」

ありえないって。ジュリは、ママのほうをみた。

「ママも……将来的には、もちろん賛成よ」

う〜。どうなってるのよ。またヘンな世界が戻ってきた……。

もう。たすけてもらってるのか、はめられているのかわかんないじゃない！

シーン⑥ 判決の言い渡し

鷺須木兼夫は、富野ゲンゾウから「配当を会社に返せ」と訴えられた。

同時に、鷺須木は、ジュリのパパからも、売ったマンションを他の人にも売ったとして、「損害賠償金を支払え」と訴《うった》えられた。

2つの訴訟とも民事裁判だ。

法廷で鷺須木は、タマラン商事の真相《しんそう》を暴露《ばくろ》した。

そして、こういった。

「自分がタマラン商事からもらった配当金の1億円を返さなければならないというなら、むしろ、会社に利益がないのに報酬（鳥金）をガッポリもらっている社長の浴野カワゾウはじめ、役員全員が鳥金を返すべきでしょ。悪いのはあいつらだよ。おれは亀主として会社が鳥締役会で決めた配当をもらっただけでしょ。悪いのは会社の役員たちでしょ」

その後、社長の浴野も、ほかの役員も、追加で訴えられた。

追加された請求は、次の4つである。

「被告浴野カワゾウは、タマラン商事に対して、２億円を支払いなさい。

被告羽向スギオは、タマラン商事に対して、２８００万円を支払いなさい。

被告下谷マスオは、タマラン商事に対して、２６００万円を支払いなさい。

被告社部内ダマルは、タマラン商事に対して、２３００万円を支払いなさい。」


1カ月後、判決が言い渡された。

請求はすべて認められた。

鷺須木はもらった配当金の1億円をタマラン商事に返すよう命じられた。

追加された請求もすべて認められた。四人の鳥締役は、もらった報酬の鳥金をすべてタマラン商事に返すよう命じられた。


それだけではなかった。

桃色の法服を着た助蹴《たすける》裁判官は、続けてこういった。

「欲野カワゾウらタマラン商事の役員全員は、富野ゲンゾウさんにも、１０００万円支払いなさい。タマラン商事のために調査をして真相を明らかにしようとした功績《こうせき》です。それから……」

ジュリは息をのんで、傍聴席で助蹴裁判官をみつめた。

助蹴裁判官はジュリの顔をみると微笑《ほほえ》んで、こういった。

「それから、鷺須木兼夫は、湯村良男《ゆむらよしお》に対して、2800万円払いなさい。かわいいジュリちゃんのパパを2回も災難におとしめた罰です」

すごい！　やった。

なんていい裁判官なの!!

タスケル裁判官、ステキすぎ！

ざっくりわかる商法（会社法）のお話

いかがじゃったろうか？

「商法」は、お金を稼《かせ》いで利益を生み出す会社や商人のことについて定めたホウリツじゃ。いまは、商法から独立してつくられた「**会社法**《かいしゃほう》」というホウリツで、株式会社などの会社のことを決めているんじゃ。

そういえば、ジュリが連れて行かれた「会社法のない世界」では、「亀」や「亀式会社」とか「鳥締役」といったヘンな言葉が出てくるが、おそらく「会社法のある世界」でいうと「株」「株式会社」「取締役」のことじゃろうな。仕組みまで同じかはわからんが。

この「会社法」は、株式会社などの「**営利**《えいり》」を目的とした「**社団法人**《しゃだんほうじん》」について、そのつくり方（**設立**《せつりつ》）、組織のあり方（**機関**《きかん》）や利益などの算定方法（**計算**《けいさん》）などを定めたホウリツなんじゃ。「会社法」には、大きく分けると、2つの目的があるんじゃよ。

1つ目は、①「**効率的な経営**」じゃ。

これは、利益を獲得するために自由かつ柔軟に会社を経営するルールを定めたものじゃ。しかし、自由で柔軟すぎると、会社の所有者である株主や会社の債権者《さいけんしゃ》などに迷惑をかけるおそれがある。

そこで、②「**適正な経営**」も目的にしているんじゃな。

これが2つ目の目的じゃ。**会社の所有者である株主の利益を保護する**仕組みには、報酬規制がある。たとえば、取締役の報酬は勝手に取締役同士（取締役会）で定めてはいけないんじゃな。原則として、株主総会《かぶぬしそうかい》で定めるんじゃ。株主は会社の所有者《オーナー》だからな。

当然、**株主総会の招集**は全員の株主にしなければならないし、いつまでに、どのように**招集通知**を出すべきかまで会社法は決めているんじゃ。

株主への配当を決めるときは、会社の財産に損害が生じないように、「**分配可能額**《ぶんぱいかのうがく》」といって、株主に分配できる額がある場合にのみ配当できるようになっているんじゃよ。

これを破ると「**違法配当**《いほうはいとう》」になって、その配当を受けた株主等は会社に支払義務を負《お》うんじゃ。ジュリが行った世界には、会社法がなく、ずいぶんといい加減な実態《じったい》があったようじゃな。

商法（会社法）の条文に慣れるための解説

　商法は、「**総則**《そうそく》」「**商行為**《しょうこうい》」「**海商法**《かいしょうほう》」からなります。制定当初は商法に規定されていた「**手形法**《てがたほう》」「**小切手法**《こぎってほう》」「**会社法**」「**保険法**」は、現在は独立した法律です。このうち、会社法は、商法が規定していた会社に関する部分を独立させて、内容も新たに2005年（平成17年）に制定されました（2006年〔平成18年〕から施行）。

　会社法は合計で979条もあり、民法に匹敵するほどの条数がありますが、本書は基本のごく一部のみを取り上げます。**「会社法」は会社に関するルールを細かく規定している法律なんだ**、ということだけでもわかれば本書では十分です。

　また、同法は「**株式会社**《かぶしきがいしゃ》」のほかにも、「**持分**《もちぶん》**会社**」（合名《ごうめい》会社、合資《ごうし》会社、合同《ごうどう》会社）も規定していますが、メインは株式会社です。

　ジュリが体験した「商法（会社法）のない世界」（以下、「会社法のない世界」）とはどこが違うのでしょうか。また、現行の会社法にはどのような規定があるのでしょうか。物語のシーンと条文に沿って、解説したいと思います。

まずは、このシーンからです。

ポイント① 株式会社の事業報告、株主総会の承認

タマラン商事は、さまざまな商品の輸出入《ゆしゅつにゅう》を行う商社《しょうしゃ》である。しかし実際のところ、なにをしている会社なのか、外からはよくわからなかった。（241頁）

株式会社であれば、事業内容が外からわからないということは「商法（会社法）のある世界」（以下、「会社法のある世界」）では考えられません。

株式会社は、会社の所有者である株主と会社を経営する役員（取締役など）を分けた制度です（**所有と経営の分離**）。株主は出資《しゅっし》をして割合的な単位としての「**株式**《かぶしき》」を取得しますが、出資した額以上に、会社の債権者に直接責任を負うことはありません（**有限責任**《ゆうげんせきにん》）。株主は投下《とうか》した資本《しほん》を回収するために、株式を他者に譲渡《じょうと》することもできます（**株式譲渡自由の原則**。会社法127条）。株主は出資をして経営は役員に任せますが、重要な事項については、その株主総会で決めることが必要です。また、株主総会で「**議決権**《ぎけつけん》」を行使《こうし》するための情報を、会社は株主に提供する必要があります。

そこで、「事業報告」の作成（会社法435条2項）、株主総会での提供（同法438条）、本店・支店での備え置き（同法442条1項、2項）、株主および債権者に対する閲《えつ》覧《らん》（同法442条3項）などを義務づけています。

財産の状況を示した貸借対照表《たいしゃくたいしょうひょう》や営業成績（利益または損失）を示した損益計算書《そんえきけいさんしょ》などの「**計算書類**」もほぼ同じですが、株主総会での承認が必要です（同法438条2項）。

◉会社法・435条

（1項、3項及び4項は、略）

2　株式会社は、法務省令で定めるところにより、各事業年度に係る計算書類（貸借対照表、損益計算書その他株式会社の財産及び損益の状況を示すために必要かつ適当なものとして法務省令で定めるものをいう。以下この章において同じ。）及び事業報告並びにこれらの附属明細書を作成しなければならない。

◉会社法・437条

取締役会設置会社においては、取締役は、定時株主総会の招集の通知に際して、法務省令で定めるところにより、株主に対し、前条第3項の承認を受けた計算書類及び事業報告（略）を提供しなければならない。

◉会社法・438条

次の各号に掲げる株式会社においては、取締役は、当該各号に定める計算書類及び事業報告を定時株主総会に提出し、又は提供しなければならない。

一　第436条第1項に規定する監査役設置会社（取締役会設置会社を除く。）　第436条第1項の監査を受けた計算書類及び事業報告

（2号～4号は、略）

2　前項の規定により提出され、又は提供された計算書類は、定時株主総会の承認を受けなければならない。

3　取締役は、第1項の規定により提出され、又は提供された事業報告の内容を定時株主総会に報告しなければならない。

◉会社法・442条

株式会社は、次の各号に掲げるもの（以下この条において「計算書類等」という。）を、当該各号に定める期間、その本店に備え置かなければならない。

一　各事業年度に係る計算書類及び事業報告（略）定時株主総会の日の1週間（取締役会設置会社にあっては、2週間）前の日（略）から5年間

（2号は、略）

2（略）

3　株主及び債権者は、株式会社の営業時間内は、いつでも、次に掲げる請求をすることができる。（ただし書は、略）

一　計算書類等が書面をもって作成されているときは、当該書面又は当該書面の写しの閲覧の請求

（以下は、略）

また、「外からはよくわからなかった」と物語にはありましたが、会社法では、目的、商号、本店所在地、発行可能株式総数など、会社の基本情報を記載した「**定款**《ていかん》」の作成および開示《かいじ》（同法27条、31条1項）、「**登記**《とうき》」（同法49条、911条。**商業登記制度**《しょうぎょうとうきせいど》）が必要

です（**開示制度**《かいじせいど》）。

次のポイントは、このシーンです。

ポイント② 株主への剰余金《じょうよきん》の配当《はいとう》

「利益がないんだよな」

「は？」

「わたしは知らないけど、亀主に配当できるだけの利益はないって、いってたよな」

「ええ」

「じゃあ、無配《むはい》だ」

「サギさんも、ですよね？」

「だから、いっているだろう。サギさんは大亀《おおがめ》だ。サギさんあってのうちなんだよ。サギさんには1億円の配当をしよう」

（242～243頁）


会社の「**実質的な所有者**《じっしつてきなしょゆうしゃ》」である株主は、会社に生じた利益等の一部について、株式の数に応じて金銭などをもらうことができます。これを「**剰余金の配当**」といいます。

◉**会社法・453条**

株式会社は、その株主（当該株式会社を除く。）に対し、剰余金の配当をすることができる。

しかし、分配可能な額がないにもかかわらず、株主に配当をしてしまうと、会社の財産が減少してしまい、会社の債権者などに迷惑をかけることになります。

そこで、「剰余金の配当」をするためには、利益などを計算した「**分配可能額**《ぶんぱいかのうがく》」が必要です（会社法461条8号）。

◉**会社法・461条**

次に掲げる行為により株主に対して交付する金銭等（略）の帳簿価額の総額は、当該行為がその効力を生ずる日における分配可能額を超えてはならない。

（1号〜7号は、略）

八　剰余金の配当

（2項は、略）

こうした財源規制《ざいげんきせい》（分配可能額規制）のルールに違反して配当がなされた場合、配当を受けた株主や配当に関与した役員などは連帯《れんたい》して、会社に対してその金銭等の帳簿価額《ちょうぼかがく》（分配時の時価《じか》）に相当する額を支払う義務を負います（会社法462条1項6号）。

◉会社法・462条

前条第1項の規定に違反して株式会社が同項各号に掲げる行為をした場合には、当該行為により金銭等の交付を受けた者並びに当該行為に関する職務を行った業務執行者（略）及び当該行為が次の各号に掲げるものである場合における当該各号に定める者は、当該株式会社に対し、連帯して、当該金銭等の交付を受けた者が交付を受けた金銭等の帳簿価額に相当する金銭を支払う義務を負う。

（1号〜5号は、略）

六　前条第1項第8号に掲げる行為　次に掲げる者

イ　第454条第1項の規定による決定に係る株主総会の決議があった場合（当該決議によって定められた配当財産の帳簿価額が当該決議の日における分配可能額を超える場合に限る。）における当該株主総会に係る総会議案提案取締役

ロ　第454条第1項の規定による決定に係る取締役会の決議があった場合（当該決議によって定められた配当財産の帳簿価額が当該決議の日における分配可能額を超える場合に限る。）における当該取締役会に係る取締役会議案提案取締役

（2項以下は、略）

タマラン商事は利益がないのに配当をしていますが、「会社法のある世界」では、この規制違反（**違法配当**）かどうかが問われます。次のシーンでは、さらに株主の間で不平等な扱いがされています。

ポイント③　株主平等《かぶぬしびょうどう》の原則《げんそく》

「……で、ほかの亀主には今期《こんき》は配当しないと」
「よくわかってるじゃないか」
（243頁）

会社法は、「**株主平等の原則**」を定めています（同法109条1項）。

株主を、株式の内容や株式数に応じて等しく扱わなければならないという原則です。

◉会社法・109条

株式会社は、株主を、その有する株式の内容及び数に応じて、平等に取り扱わなければならない。

（2項以下は、略）

もっとも、会社法では、**定款**《ていかん》で、さまざまな種類の株式（**種類株式**）を定めることも許容しています（同法108条）。議決権のない株式（**無議決権株式**）、配当を優先的に得られる株式（**配当優先株式**）などです。

◉会社法・108条

株式会社は、次に掲げる事項について異なる定めをした内容の異なる2以上の種類の株式を発行することができる。（ただし書は、略）

一　剰余金の配当

二　残余財産の分配

三　株主総会において議決権を行使することができる事項

（4号以下及び2項以下は、略）

とはいえ、そうした種類の株式になっていないにもかかわらず、会社が勝手に特定の株主にだけ配当金を支払い、それ以外の株主は無配とする（剰余金の配当を行わない）とすることは、「会社法のある世界」では許されません。

続いて、こちらのシーンです。

ポイント④ 役員報酬《やくいんほうしゅう》は株主総会での決議事項《けつぎじこう》

「それがそうなんだよ。それが現実だ。だから、わたしの鳥金《とりきん》だけど、2億円にアップしよう」

「に、2億円？」

「そうだよ。仕方ないだろう。なあ、下谷《したがい》くん」

「そういたしましょう。当社にとって重要なことでございます」

「下谷鳥締役、ほんとうにそう思いますか？」

「もちろんでございます」
「2億円といったら、前期の2倍ですよ。社長の報酬といっても、会社の業績が落ちているなかで2倍アップというのは、通常では考えられません」
「だから、通常のことじゃないんだよ。いっただろう。今期は、自宅を建て直す必要があるんだ」
（243〜244頁）

タマラン商事の社長は、業績が落ちているなかで、取引先への見栄《みえ》という微妙《びみょう》な目的を示しながらも、自宅を建て直すという個人的なことのために、自らの報酬（鳥金）を前期の2倍の2億円に報酬をアップさせています。

こうしたことは「会社法のある世界」では許されません。

なぜなら、取締役などの役員の報酬（これを「**役員報酬**」といいます）は、株主総会で決議をしないといけないとされているからです（会社法361条。報酬規制）。

◉会社法・361条

取締役の報酬、賞与その他の職務執行の対価として株式会社から受ける財産上の利益（以下この章において「報酬等」という。）についての次に掲げる事項は、定款に当該事項を定めていないときは、株主総会の決議によって定める。
一　報酬等のうち額が確定しているものについては、その額
二　報酬等のうち額が確定していないものについては、その具体的な算定方法
三　報酬等のうち金銭でないものについては、その具体的な内容
（2～6項は、略）


このような報酬規制のルールが定められているのは、タマラン商事のように「お手盛《ても》り」（自分たちの報酬を自分たちで都合よく決めてしまうこと）を防止するためです。

ただし、役員報酬の総額について株主総会で承認を得れば、個別の報酬については取締役会決議でも決められると解されています。

しかし、タマラン商事の社長は亀主総会の決議事項にもせずに、鳥締役会の決議のみで、すべての役員報酬を決めています。

そもそも物語に登場する亀式会社の仕組みはよくわかりませんが、こうしたことは、「会社法のある世界」の株式会社では許されません。

では、会社法の最後のポイントに移りましょう。

ポイント⑤ 株主総会の招集通知《しょうしゅうつうち》

タマラン商事は、こうして「鳥金」と呼ばれる役員の報酬については、鳥締役会だけですべて決めてしまった。また、総会にはかる事項には、配当など一般の亀主が反対しそうなものがあるため、定時亀主総会《ていじかめぬしそうかい》は、浴野代表鳥締役のいいなりになる亀主のみを招集《しょうしゅう》することにした。いいなりにならない亀主には、亀主総会の招集通知《しょうしゅうつうち》も出さないことになった。（２４５頁）

株主は、会社の「**実質的な所有者**」です。その株主に対して、事業報告などを行い、会社にとって重要な事項の説明をし、決議をはかるのが**株主総会**の役割です。

したがって、「会社法のある世界」であれば、特定の株主にだけ「**招集通知**」を発送して、都合の悪い株主には「招集通知」を発送しないといったことは許されません。

株主総会は会社の実質的な所有者である株主が一堂に会する場ですので、株主総会の招集通知については発送の仕方についても厳格なルールが定められています。

◉会社法・２９８条

取締役（略）は、株主総会を招集する場合には、次に掲げる事項を定めなければならない。
一　株主総会の日時及び場所
二　株主総会の目的である事項があるときは、当該事項
（1項3号～5号及び2項以下は、略）

◉会社法・299条
株主総会を招集するには、取締役は、株主総会の日の2週間（（略）、公開会社でない株式会社にあっては、1週間（当該株式会社が取締役会設置会社以外の株式会社である場合において、これを下回る期間を定款で定めた場合にあっては、その期間））前までに、株主に対してその通知を発しなければならない。
2　次に掲げる場合には、前項の通知は、書面でしなければならない。
一　前条第1項第3号又は第4号に掲げる事項を定めた場合
二　株式会社が取締役会設置会社である場合
（3項以下は、略）

ただし、こうした招集の手続は、株主全員の同意があれば不要です（会社法300条本文）。招集の手続は株主を保護するためにあるものだからです。

◉会社法・300条

前条の規定にかかわらず、株主総会は、株主の全員の同意があるときは、招集の手続を経ることなく開催することができる。（ただし書は、略）

しかし、タマラン商事ではそうした同意もとらずに秘密裡《ひみつり》に行いました。

したがって、いずれにしても「会社法のある世界」では許されない行為といえます（そこでなされた株主総会決議は、取消しや不存在確認の訴えの対象になる可能性があります（同法831条1項1号、830条））。

会社に関する法律は、会社法にとどまりません。

特に、株式を上場している会社（上場会社等）の場合には、投資家保護などの観点から、さまざまな規制があります。株式市場の透明性を図るための「**情報開示制度**《じょうほうかいじせいど》**（ディスクロージャー）**」などです。

たとえば、**金融商品取引法**《きんゆうしょうひんとりひきほう》により「**5%ルール**」といって、上場会社等の株式を保有する者は、その保有割合が5％を超える場合は「**大量保有報告書**《たいりょうほゆうほうこくしょ》」の提出が義務づけられます（金融商品取引法27条の23第1項）。

また、上場会社等の役員報酬が1億円以上の場合には、その氏名や報酬額を個別に開示する義務があります（企業内容等の開示に関する内閣府令・第2号様式〔記載上の注意〕(56) a ⒟）。この「**開示義務**」は、２０１０年3月期の決算から導入されました。

ジュリの体験した世界は、商法や会社法もないわけですから、もちろん、こうした上場会社等を特に規制する法律もありません。「亀式会社」という謎の会社のカタチはあっても、現実にはルールがないのか、「なんでもあり」のようでした。

なお、会社法は現在、「**会社法制（企業統治等関係）の見直し**」が検討されています。平成時代のなかごろにできた法律ですから、時代の要請に応じて改正していくのです。

加えて、海商法を中心に、２０１８年（平成30年）に商法の改正がありました。この改正で、六法で唯一、漢字カタカナ（文語体）の規定が残されていた商法の一部が、漢字ひらがな（口語体）になりました（**現代語化**）。２０１９年（平成31年）4月に施行されると、戦後の新憲法から少しずつ進められてきた「条文の現代語化」が、「六法」でようやく完成することになります。

さて……。会社法などはビジネスの法律だから、中学生のジュリにはピンとこなかったかもしれん。学生の読者にも、少しむずかしかったかもしれんが、会社にはさまざまな規制があることがわかれば十分じゃ。

しかし、ジュリは、「法律のない世界」に、もう1年以上もいる。
果たして、戻ってこられるのだろうか。
このままだと、パラレルワールドの住人になってしまうぞ。

ジュリ‼　そろそろ呪文を思い出すのじゃ。

第7話

一件落着?

ああ、よかった。みんな、たすかったし、裁判でも勝った。

ユッコとケンくんが、中学生のくせに結婚するとかいうから、ショックだったけど。

でも、もう、どうでもよくなってきたかも。

好きな人同士なんだし、カンキンとかタイホとかに比べたら、ぜんぜん平和で幸せなことだよね。

二人のおかげで、たすけてもらえたわけだし……。


「ユッコ、ケンくん……。幸せになってね」

ジュリは二人にいった。

「ありがとう」

ユッコは涙を流して感激した。

ケンも下を向きながら、「ありがとう」と小さな声でいった。

「あっ、もうこんな時間。わたし、これからピアノがあるから先に帰るね」

ユッコはいった。

「じゃあ、また明日」

ジュリが微笑みながらいった。

「うん、明日ね」

ユッコは手を振っていった。

ユッコを見送ったジュリがリビングに戻ってくると、ケンが父親の富野ゲンゾウに信じられないことをいった。

「パパ、ぼく、ジュリちゃんとも結婚しようと思ってるんだ。どうかな?」

はあああ? ユッコと結婚するんでしょ?? ジュリは、頭がクラクラしてきた。そういえば、なにかを忘れていたような気がする。

「いい子じゃないか」

富野ゲンゾウは微笑んだ。

「ちょ、ちょっと、パパ、ママなんとかいってよ」

ジュリは足をバタバタさせた。

「いいじゃないか、ケンくんは。頭もいいし。なにより頼もしい」

パパがジュリのほうをみていった。

お、終わってる……。


「ねえママ、なんとかいってよ」

「ケンくんは命の恩人《おんじん》でしょう。プロポーズを断るなんて、失礼よ」

ママ、ママまで…。やっぱりおかしい、この世界……。ん？

って、この世界？

あれ。ここって、なんの世界だったっけ？

うーん……。そうだ……、少し思い出してきたぞ。

あれよ、あれ……。

あのおじいちゃん……。えーと、えーと……。

そこに最後のダメ押しのひとことを、パパがいった。

「三人で仲良くやればいいじゃないか」

うわああ。たすけてー。ジャス!!

そうだ。ジャスだ。思い出した。

やっと思い出したよ！
わたしはジャスに「ホウリツのない世界」に連れて行かれたんだった。

なんだか、ものすごく長い時間がたった気がするけど。
で……そう！　呪文《じゅもん》だ！　呪文をとなえれば戻れる。
あぶない。あぶない。
あやうく三人で結婚させられるところだった……。

ん？　で、呪文ってなんだっけ？

「ジャス。元の世界に戻して下さい。……じゃないか。おかしいな」
「ジャス。ホウリツのある世界に戻して下さい。……でもないか。あれれ」

「ジュリちゃん、僕のうちに来てよ」

「えっ？　あっ。う、うん」

ジュリは呪文を思い出せず、ケンの家に行くことになった。

「僕のうちにはね、ドンペリもあるよ」

「ドンペリって、それ高級シャンパンじゃなかったっけ？」

「よく知ってるね。たくさんあるから、飲んでいきなよ」

「飲んでいきなよって、お酒でしょ。わたし未成年だし……。って、そういうホウリツもないのか……。あー、でも笑える」

「お酒が苦手なら、チーズもあるよ」

「うん」

って、チーズなんてどうでもいいし。早く元の世界に戻らないと！

「なんだっけな。えーとチーズの名前は……、パレミジャン・ペットボトル？」

「パルミジャーノ・レッジャーノだ。ジュリちゃん、チーズは好きかな」

富野ゲンゾウがいった。

「あっ、はい。ええ、まあ」

「僕はチーズが苦手なんだけど、そのチーズはチーズの王様といわれるくらい、高くて美味しいチーズなんだ」

ケンが誇らしげにいった。

「チーズの王様。へえ、そうなんだ」

ん？　チーズの王様？

王様……。なんか思い出してきた。

そうだ。そうよ！

「ジャズの王様、お願いします。じゃないや、ジャスの王様！……でもない？」

「ジュリちゃんは、ジャズも好きなのかい？」

富野ゲンゾウが聞いた。

「ええ、まあ」

って好きじゃないけど。

「ジャズが好きなら、ジョン・コルトレーンのレコードがあるからぜひ聴いていきなさい。ジャズの神様と呼ばれている人だ」

「あっ、それ！」

「えっ」

それだ！

王様……じゃなかった。


えーと、えーと。そうだ！　神様！　神様だ!!


これで、たすかったわ。ありがとう、神様。仏様《ほとけさま》。ジャス様。

「お父さん、ありがとうございました」

「なんだい？　改めて」

「そして、ケンくん、ほんとうにありがとう」

「いやあ、照れるなあ」

さてと。よし！

「わたし、元の世界に戻ります。ヘンだったけど、いろいろとっても勉強になりました」

「えっ？」

「ホウリツの神様、ジャス。元の世界に戻して下さい」

エピローグ

もしも法律があったら……!?

気がつくと、なつかしい部屋のベッドで目が覚めた。

ジュリは、いつものように目玉焼きとロールパンを食べると、学校に向かった。


教室に入ると、ユッコに会った。

「ユッコ、スピーチでいってほしいことある？」

ジュリは結婚式のスピーチは初めてなので、ユッコ本人の希望を聞くことにした。

「はっ？　なにいってるの？　ジュリ」

ユッコが目を丸くした。

「えっ？　ケンくんとの結婚式よ。披露宴の」

「はあ。ジュリ、熱でもあるの。わたしたち中学生よ」

「えっ？　あっ」

ジュリはようやく、ホウリツのある世界に戻ってきたようだ。

「ああ、そうかあ。そうかあ。いやーよかった」

ジュリは、ふーと息を吐いた。

「なにがよかったのよ。ヘンなの」

ユッコが笑った。

「いいの、いいの。気にしないで。とにかく、よかったあ」

「でも、ケンくんとは、結婚はないかなあ」

「なんで？　このままずーっと付き合っていったら、将来はわかんないでしょ」

ジュリはユッコにいった。

「だってさ、ケンくんのお父さん、破産《はさん》しちゃったのよ。お父さんが倒産《とうさん》したの」

おトウサンがトウサン……。

笑っていいところなのか、真剣に聴くべきところなのかわからず、ジュリは流した。

「ケンくんのお父さん、お金持ちじゃなかったっけ？」

「借りたお金を返せなくなって、破産したみたいなの」

そういえば、借りたお金は返さなくてもいいとかいってたな……。

ジュリは「民法のない世界」で出会った富野ゲンゾウを思い出した。

そうか、民法がなかったから大富豪になれたわけだ。

あっ、とジュリは思った。

「あっ！　う、うちは大丈夫かなあ」

「えっ？」

「あっ、いやいや、こ、こっちの話」

「なんか今日のジュリ、ヘンだよ」

「いやあー。ははは」


昼休みに廊下を歩いているとジュリは、ケンから「ちょっと話があるんだ」といわれた。

ついていくと、中庭で「ボクと付き合って下さい」といわれた。

「ユッコと付き合ってるんでしょ？」

ジュリは突き放した。

「二人とも好きなんだ」

ケンはマジメな顔をしていった。

お、終わってる……。

法律があってもなくても、人の気持ちは変わらないのね……。

ジュリは「ごめんなさい」といって、その場を逃げるように去った。

家に帰るとジュリは、ママから「お父さん、裁判に勝ったわよ」といわれた。

「えっ。なんのサイバン？」

「ほら、あの飛田《とびた》とかいう男。訴えてきたでしょう。マンションのことで」

「あっ、ああ」裁判になったのね、とジュリは思った。

「それにしても、あの縄生活はいやだったよね」とジュリはいった。

「な、なわせいかつ？　なにいってるのジュリ。ヘンな子ね。それにしても、登記してあったからよかったわ。勝てないとわかって、すぐに訴えを取り下げたそうよ」

ママは不思議そうな顔をしていった。

どうやら「法律のある世界」では、縄生活はさせられなかったようである。

ジュリはホッとした。

そうか、パパは裁判で勝ったんだ。

トウキがあったから勝ったみたい。法律があってよかったのね。

あー、よかった。ケンくんとユッコと三人での生活なんて、いやだもん。

ほんとによかった。民法があって。いろんな法律があって。

これで、わたしも好きなことができるわ。

それにしても、法律ってすごいな！

わたしも、あのサンビャクさんみたいに、弁護士さんになりたくなってきたかも。

サンビャクさんは、「法律のない世界」にいたから、かわいそうだったけど。でも、かっこよかったもん。

「法律のある世界」だから、ホウリツにうんとくわしくなって、それで人をたすけるの。
うん、いいかも！

あっ、でも、もしもパイロットになったら、ケンくんの奥さんもいいかも。
でも、そうすると、ユッコと、ドロドロになっちゃうか。
「法律のない世界」と同じになっちゃったりして……。
それは困るな。うーん？

（了）

あとがき

「法律のない世界」の物語は、いかがだったでしょうか？

実際に、いまの日本に憲法や民法などの法律がなかったとしたら、どんな世界になっているのか、という問いに対する答えを出すことは、とてもむずかしいことです。なぜなら、日本における憲法や他《た》の六法（法律の基本）が制定された経緯は、歴史的には開国にともなう不平等条約の解消にあり、西欧と同じような近代化を図るためにあったからです。

１８８９年（明治22年）に大日本帝国憲法（明治憲法）が公布されると、１８９０年（明治23年）に民事訴訟法と刑事訴訟法が公布されます。１８９６年（明治29年）には、いったん成立したものの反対が起きて延期されていた民法が公布されます。そして、１８９９年（明治32年）には商法が公布され、１９０７年（明治40年）には刑法が公布されます。

こうして、１９１１年（明治44年）に、ようやく不平等条約が解消されます。開国して日米和親条約・日米修好通商条約などの不平等条約を締結したのが１８５４年（嘉永7年）、１８５８年（安政5年）ですから、約60年の歳月が要されたことになります。歴史の話になりましたが、日本の憲法を含めた六法はこのような開国にともなう明治時代の歴史と結びついています。

こうしてみると、日本における憲法や法律には、130年くらいの歴史があります。また、現在では法律の数は、約2000あります。『六法全書』といっても、実際に収録されているのは六法だけでなく、さまざまな法律です。

本書では細かく触れませんでしたが、個人や会社が経済的にうまくいかなくなった場合には、破産法などの「倒産法」と呼ばれる法分野があります。また「働き方改革」が昨今話題ですが、会社などで働く人については労働基準法などの「労働法」という法分野があります。会社が独占的な地位を行使することを規制した独占禁止法（略称）などの「経済法」という法分野もありますし、本を書いた人の権利を保護する著作権法など知的財産についての「知的財産法」という法分野もあります。消費税増税などの税金については、消費税法などの「税法（租税法）」という法分野があります。さまざまな法分野があるのが（ほかには、環境法、社会保障法、国際法など）、現在の法体系です。

しかし、その基本にあるのが「六法」なのです。一般に六法とは、憲法、民法、刑法、商法（会社法等を含む）、民事訴訟法、刑事訴訟法の6つを指し、この順番で説明されます。本書では、会社などのビジネスに関する法律である商法（会社法）をあえて最後にしました。この法律は、ビジネスにたずさわる人でないと、少しとっつきにくい面があると思ったからです。

そして、本書の読者はビジネスマンなどの社会人だけでなく、中学生・高校生・大学生（知的好奇心が旺盛な小学生も読まれるかもしれません）であると思ったからです。しかし最近のニュースでは、大企業の経営者が役員報酬の開示を少なくしていたことなどが報じられることもあります。商法・会社法は、社会問題を知るために、学生にとっても必要な分野になりつつあります。ただし、ビジネスを取り巻く法律は細分化されています。商法・会社法だけでなく、金融商品取引法など上場会社等に対する規制法についても少し触れました。

読者の方に最もわかりやすく身近なのは、犯罪と刑罰を定めた刑法でしょう。最近は、悪質な「あおり運転」などの事故や裁判が報道されるのを、目にする機会が増えました。かつては本書にも登場したように業務上過失致死傷罪として、罰金刑すらある軽い罪としてとらえられていたものが、自動車事故です。しかし、飲酒や危険な運転行為による悪質な犯罪に対応するため、厳罰化の方向で近年、何度かの改正がされました。現在では、刑法の業務上過失致死傷罪ではなく、自動車を運転した事故については「自動車運転死傷行為処罰法」（略称）が適用されます（２０１４年から施行された法律です）。「ストーカー行為等の規制等に関する法律」も、ストーカー犯罪をきっかけに制定され、２０００年から施行されました。制定後もたびたび改正がなされています。

約１３０年にわたり大きな改正がなかった民法も、２０１７年および２０１８年にさまざまな改正がなされ、成年年齢も20歳から18歳に引き下げられました（成年年齢の施行は２０２２年４月からです）。選挙の法律である公職選挙法の２０１５年改正により、２０１６年から施行されていた選挙権の年齢引き下げなどに合わせる改正でした。

また、２０１８年６月から施行された改正刑事訴訟法には、一定の経済犯罪などについて日本版の司法取引（合意制度《ごういせいど》）が導入されました。

世の中のニュースは、じつは法律に関連するものにあふれ、また社会の変化はさまざまな法律の改正によって行われています。それにもかかわらず、「むずかしそう」「なじみにくい」「身近に感じられない」と思われてきたのが、法律だと思います。

そこで多くの方に、法律の基本を学ぶきっかけになればと思い、この物語を考えました（この小説を書いたのは、じつは10年近く前なのですが、このたび読者の方に読んでいただく機会を得ました）。

六法といっても、憲法と残りの５法（法律）は毛色が違います。そのことも物語を注意深く読んでいただくとわかると思います。「**憲法は、わたしたちに自由を与えるもの**」であるのに対し、「（他《た》の）**法律は、わたしたちの自由を規制するもの**」だからです。しかし、社会生活を営むためには、個人が自由だけを主張するわけにはいきません。そのようななかで、法律というルールは変化をしていきます。

本書は、法律に興味があるけれど、法律をほとんど学んだことがないか、少し学んでいるくらいの人に向けて書きました。法学を本格的に勉強している方や、専門家の方にも「物語」は、楽しんでいただけたらという思いもあり、細部に工夫を凝らしました。

所与のものとして「法」を扱う方にとって、もし「○○法がなかったら……」という世界を想像してみることは、その法の根源に迫る「思考の起爆剤」になるのではないでしょうか。

「○○法はなくても、誓約書（契約？）はあるのか、会社はあるのか、裁判官はいるのか、警察官もいるのか……、亀主とは？」と、突っ込みどころもあったかと思います。

会社や裁判官、警察官は、社会に必要な存在でしょう。そこには、関係者を保護する仕組みはあるか、適正な手続はあるか、公平な裁判を実現するためのルールはあるかが重要で、いまの法律にはこれらを意識した規定があります。それでも守らない人はいるわけですが、その強制力により社会秩序ができます。

法律と道徳の違いは、強制力の有無にあります。物語に登場した富野ゲンゾウは、これを「道徳心」という「心」で表現していました。わたしたちも法律など知らなくても、「社会常識としての規範《ルール》」に抵触しないように暮らしているはずです。たとえば、借りたお金は「民法に返せと書いてあるから返す」のではなく、「借りたから返すべきだ」と考える人がほとんどだと思います。

そう考えると、「法律のある世界」に生きているわたしたちも、もしかしたら「法律のない世界」に生きているのと同じ部分があるかもしれません。専門家や、すでに法を学ばれている方にとっても法の意義や効用を考える一助になれば、著者冥利に尽きます。

最後に、本書を刊行する機会を下さった日本実業出版社の皆様に、深く御礼申し上げます。登場人物の多い物語を映像的に展開できたのは、斗真《とうま》なぎさんのお力が大きいです。約10年前に描いた物語が、同氏のイラストによって鮮明となり、潤いが与えられました。また、お忙しいなか、ゲラにご意見等を下さった弁護士の須藤泰宏さん、寺澤春香さん、山田重則さん、法科大学院生の町野晴基さん、瀧沢万由花さんにも感謝です。刊行前に専門家や法を学んでいる方からいただいた数多くの視点が、物語《フィクション》の細部および解説の内容を点検する基礎になりました。

2019年2月

青山学院大学法学部　教授
木山《きやま》　泰嗣《ひろつぐ》

木山泰嗣（きやま　ひろつぐ）
1974年横浜生まれ。青山学院大学法学部教授（税法）。上智大学法学部法律学科を卒業後、2001年に旧司法試験に合格し、2003年に弁護士登録（第二東京弁護士会）。2015年4月から現職（大学教員に転身）。大学では、専門の税法だけでなく、法学部1年生前期の必修科目「法学入門」の授業も担当している。高校時代に法律に興味をもったものの、わかりやすい本にめぐりあえなかった苦い経験から、法律を物語形式で解説する本の執筆も続けている。著書に、『小説で読む民事訴訟法』（法学書院）、『憲法がしゃべった。』（すばる舎）、『反論する技術』（ディスカヴァー・トゥエンティワン）、『分かりやすい「民法」の授業』（光文社新書）、『教養としての「税法」入門』『教養としての「所得税法」入門』（以上、日本実業出版社）などがあり、単著の合計は本書で53冊。「むずかしいことを、わかりやすく」、そして「あきらめないこと」がモットー。
Twitter：kiyamahirotsugu

「六法《ろっぽう》」の超基本《ちょうきほん》がわかる物語《ものがたり》
もしも世界《せかい》に法律《ほうりつ》がなかったら

2019年３月20日　初版発行
2024年６月20日　第３刷発行

著　者　木山泰嗣
発行者　杉本淳一

発行所　株式会社日本実業出版社　東京都新宿区市谷本村町3−29 〒162-0845
編集部　☎03-3268-5651
営業部　☎03-3268-5161　振　替　00170−1−25349
https://www.njg.co.jp/

印刷・製本／三晃印刷

この本の内容についてのお問合せは、書面かFAX（03−3268−0832）にてお願い致します。
落丁・乱丁本は、送料小社負担にて、お取り替え致します。

ISBN 978-4-534-05678-8　Printed in JAPAN